SOCIOLOGIA
E EDUCAÇÃO FÍSICA

Mauricio Murad

Sociologia e educação física

diálogos, linguagens do corpo, esportes

2ª edição revista e ampliada

FGV EDITORA

Direitos desta edição reservados à
FGV EDITORA
Rua Jornalista Orlando Dantas, 37
22231-010 — Rio de Janeiro, RJ — Brasil
Tels.: 0800-021-7777 — 21-3799-4427
Fax: 21-3799-4430
e-mail: editora@fgv.br — pedidoseditora@fgv.br
web site: www.fgv.br/editora

Impresso no Brasil / *Printed in Brazil*

1ª edição: 2009; 1ª reimpressão: 2012; 2ª reimpressão: 2015;
2ª edição: 2020

Preparação de originais: Luiz Alberto Monjardim
Editoração eletrônica: FA Editoração
Revisão: Aleidis de Beltran e Marco Antonio Corrêa
Capa: aspecto:design
Foto de capa: Alex Bramwell — iStockphoto

Ficha catalográfica elaborada pela
Biblioteca Mario Henrique Simonsen/FGV

Murad, Mauricio

Sociologia e educação física: diálogos, linguagens do corpo, esportes / Mauricio Murad. — Rio de Janeiro : Editora FGV, 2020. 2ª edição.

204 p.

Inclui bibliografia.
ISBN: 978-85-225-2204-0

1. Educação física — Aspectos sociológicos. 2. Esportes — Aspectos sociológicos. I. Fundação Getulio Vargas. II. Título.

CDD — 306.483

Para os pequenos Miguel e Lucas, queridos filhos,
grandes e complexos diálogos.

Sumário

Prefácio

*Victor Andrade de Melo**

Nós que estamos envolvidos com a pesquisa que tem como objeto o esporte (e as diversas práticas corporais institucionalizadas), na interface com as ciências humanas e sociais, ainda sentimos alguma dificuldade para dar seguimento a nossos estudos. Mesmo que o quadro tenha mudado bastante, sobretudo nos anos iniciais deste século, não poucas vezes ouvimos, de forma ora menos ora mais explícita, algumas vezes até mascarados por uma ironia incômoda, comentários depreciativos a respeito de nossos esforços; afinal, tratar-se-ia a prática esportiva de algo menor perante o sem-número de temas "nobres" aos quais deveria se dedicar o investigador, coisas mais "sérias" para entendermos a sociedade que nos cerca.

A mudança recente desse quadro se dá por vários motivos. Um deles são as próprias mudanças das perspectivas metodológicas verificadas no âmbito dessas disciplinas acadêmicas, provavelmente por influência da "virada cultural" fortemente perceptível no pós-II Grande Guerra, sobretudo nos anos finais da década de 1960 e nos anos 1970. Os indivíduos e suas práticas passaram a ser mais percebidos (ou, ao contrário, talvez tenham se imposto aos investigadores), e o esporte logo se fez notar nesse cenário.

---

* Mestre e doutor em educação física, com pós-doutorado em teoria crítica da cultura. Professor do Programa de Pós-Graduação em História Comparada do Instituto de Filosofia e Ciências Sociais da UFRJ.

Outro motivo são o próprio espaço e a relevância social adquiridos pela prática esportiva no âmbito de uma sociedade marcada pelas dimensões do consumo e do espetáculo, potencializando algo que já estava presente nas origens do campo no século XIX. Com instituições, como a Fifa e o COI, que possuem mais associados que a própria ONU, com um mercado que movimenta somas astronômicas, com um grau de penetração mundial impressionante, articuladas com todas as dimensões de seu tempo, seria mesmo impossível ficar indiferente às práticas corporais institucionalizadas.

Há um terceiro motivo, no caso brasileiro, que não pode ser negligenciado: os trabalhos de alguns investigadores que anteciparam o reconhecimento da importância do fenômeno esportivo, encararam o desafio de investigá-lo e abriram caminho para as gerações seguintes. No âmbito da antropologia, esse é o caso do professor José Sérgio Leite Lopes, da professora Simoni Lahud Guedes e do professor Roberto DaMatta. No âmbito da sociologia, sem sombra de dúvida, esse é o caso do professor Mauricio Murad.

Sendo assim, tenho que de pronto assumir a ousadia desse gesto: não é muito comum que um aluno venha a prefaciar o estudo de um mestre. Esse honroso convite, aliás, diz algo sobre o professor Murad, sobre o amigo Mauricio, sobre as características que marcaram a sua trajetória. Este texto é, portanto, simultaneamente um breve balanço produzido por alguém que tem lidado com as contribuições pioneiras do autor (que seguem, aliás, em andamento) e uma espécie de agradecimento: certamente foi mais fácil trilhar os caminhos acadêmicos graças à ação desses colegas que nos antecederam com tanta competência, estabelecendo um padrão de qualidade que passou a ser perseguido por muitos de minha geração.

Ainda estudante, tomei conhecimento das atividades do Núcleo de Sociologia do Futebol, da Universidade do Estado do Rio de Janeiro, coordenado pelo professor Mauricio, notadamente com aquela que era na época sua faceta mais visível: a revista *Pesquisa de Campo*, primeiro periódico nacional na área de ciências humanas e sociais em que o esporte era o assunto central (obviamente sem desconhecer a importante produção anterior, advinda da área de educação física, que data dos anos 1930).

Aí talvez se encontre uma das principais contribuições do mestre Murad: mais do que com inegável qualidade fazer operar o arcabouço teórico da sociologia para lançar um olhar sobre o esporte, começou-se a gestar um campo, com ações, eventos e lançamentos de periódicos e livros que serviram como pólos de atração de outros pesquisadores e para articulação de perspectivas, contribuindo tanto para legitimar o objeto na academia quanto para ampliar o alcance de sua compreensão.

Mas que campo gestado foi esse? Um campo acadêmico tradicional onde os portadores de títulos, independentemente da qualidade de sua reflexão, são idolatrados como bezerros de ouro? Certamente que não. O que se viu construir foi um campo aberto, em que as contribuições daqueles que vivenciaram a concretude das realizações (jogadores, árbitros, dirigentes) não rivalizavam com as advindas dos da academia; antes dialogavam e serviam de suporte fundamental às investigações. Na mesma medida, os mais jovens sempre foram bem-vindos, e muito bem-vindos, dando dinâmica e força de inovação, juntando gente ao redor de um projeto em construção. Ainda mais, pretendia-se que as pesquisas pudessem também dialogar com a música, com a literatura, com o cinema, considerados como fontes que nos auxiliariam a entender os rastros da prática esportiva na sociedade brasileira. Com isso quero dizer que esse movimento também lançou algumas bases estéticas (em seu sentido amplo) que tinham total coerência com a natureza de nosso objeto.

Por tudo isso, e isso é muito, é que não posso esconder meu misto de orgulho e gratidão ao prefaciar esta obra. Por que falei tão pouco sobre o livro? Porque ele é resultado dessa longa trajetória e desse quadro aqui apresentado de forma muito sumária, breve o suficiente para não prender demais o leitor, que deve ocupar seu tempo no que realmente interessa: o texto do professor Murad, do querido amigo Mauricio.

Uma vez mais, verá o leitor, aí estão as linhas centrais do seu trabalho: o refinamento e o rigor teóricos; a preocupação com a construção do campo, inclusive com os que nele dão seus primeiros passos; uma forma de escrever que atrai sem esvaziar a força das análises. Generosidade, enfim, algo que deveria marcar qualquer intelectual preocupado com o mundo que o cerca.

Apresentação

*Luiz Henrique de Toledo**

Num mundo em que as informações nos arrebatam a cada instante, tal como o movimento das ondas na arrebentação, que se sobrepõem e se superam continuamente umas às outras, um livro como o do professor Mauricio Murad nos convida a estancar um determinado fluxo, não o do pensamento, absolutamente, mas aquele que, pela fluidez e mecanicismo feito ondas, deixa escapar certas sínteses necessárias ao avanço do conhecimento acadêmico.

É como li este volume, pois se trata de uma pausa prudente e convidativa para que retomemos o conhecimento acumulado nas grandes áreas das ciências sociais — tendo como carro-chefe a sociologia — acerca dos fenômenos do corpo e de todo o simbolismo que dele emana. E aprendemos com um dos precursores da sociologia dos esportes no Brasil uma maneira econômica, porém densa, de abordar a relação entre searas acadêmicas distintas no plano institucional — sociologia e educação física —, mas que num domínio epistemológico estabelecem linhas de convergência e diálogo necessários para aqueles que pretendem compreender as várias facetas do fenômeno esportivo.

Muitos dos sociólogos e antropólogos citados por Murad, e tantos outros mais, possivelmente reconheceriam nesse esforço de síntese a um só

* Graduado em ciências sociais, antropólogo, doutor em antropologia dos esportes e professor adjunto da Universidade Federal de São Carlos, SP.

tempo bibliográfico, biográfico, teórico, temático, contextual e comparativo aqui realizado uma capacidade expositiva que vai além dos resultados alcançados nos manuais de sociologia destinados geralmente aos alunos e pesquisadores em educação física. Por isso, segundo Murad, há que se estabelecer também uma sociologia *da* educação física, e não somente uma sociologia *na* ou *para a* educação física, a fim de que essa proximidade entre as respectivas áreas do saber se dê em torno de um conjunto de pressupostos metodológicos e conceitos que possam se intercambiar.

Sendo o fazer científico um domínio situado do conhecimento sobre o homem em sociedade, os educadores e demais interessados terão a oportunidade de ler aqui as potencialidades e limites de certos modelos sociológicos que ajudaram e ainda auxiliam a pensar os esportes e as práticas corporais como dimensões importantes, no plano da sociabilidade, na constituição das sociedades modernas. A naturalização do corpo, sua objetivação por parte de alguns saberes, nos legou um cientificismo preconizado por um objetivismo redutor. Mas aqui Murad contextualiza o modo como o conhecimento sociológico pode contribuir, num plano comparativo, para deslegitimar certos discursos, tanto cientificistas e pretensamente universalistas quanto ideológicos, a respeito das apropriações dos fenômenos corporais, tomados genericamente, e dos esportivos, em particular.

Vale a leitura deste volume, sobretudo porque estabelece um jogo intelectual frutífero, "cooperativo", como queiram, que faz das duas áreas em questão vencedoras, sem precisarem, necessariamente, abrir mão da tensão (competitiva, prazerosa) que todo diálogo interdisciplinar suscita no tocante às abordagens e estratégias específicas na construção de seus objetos de estudo.

Uma introdução de ordem metodológica

O objetivo deste trabalho é discutir algumas interações possíveis, prováveis e necessárias entre estas duas áreas do saber humano, a sociologia e a educação física, de uma forma que pretendemos que seja mais direta, mais simples, didática mesmo.

A população-alvo que se deseja alcançar, preferencialmente, é aquela formada por estudantes de graduação e de pós-graduação, desses dois campos de conhecimento. Preferencialmente porque queremos atingir também outros campos afins, próximos das duas matrizes.

É importante dizer, logo de saída, de que lugar estou falando: o livro é escrito por um sociólogo que trabalha na área dos esportes, mais especificamente do futebol, há mais de 30 anos, desde 1986. Então, as possíveis ideias e contribuições dessas páginas partem principalmente — embora a recíproca também seja verdadeira — da sociologia para a educação física. É a visão de alguém com formação em sociologia e que trabalha com temáticas ligadas à educação física ou, melhor dizendo, com assuntos que são interfaces entre essas duas áreas.

Sabemos que as contribuições da sociologia para a educação física estão mais diretamente ligadas às áreas de história, cultura e sociedade. Isso porque as atividades próprias, definidoras da educação física, práticas simbólicas, corporais, pedagógicas, artísticas, lúdicas, esportivas, por definição são práticas que acontecem sempre inseridas em contextos mais amplos, contextos que são históricos, sociais e culturais.

A chamada "área dura" da educação física, a das biociências, também pode se beneficiar de alguns conhecimentos da sociologia, mesmo que indiretamente, como em determinadas interfaces, nos assuntos da nutrição, da psicologia, do envelhecimento, da promoção da saúde, entre outros conceitos. Estas são categorias de intercessão, ou seja, são conceitos inter, multi e transdisciplinares, o que significa dizer que exigem a convergência e a articulação de diversos saberes e diferentes linguagens.

Por tudo isso, porque pretendemos alcançar um público maior, um público com formações e interesses diferentes, que também poderá se beneficiar de maneiras diferenciadas, é que queremos deixar claro, logo de início, uma questão de natureza didática.

Vamos nos esforçar para fazer um texto mais simples, introdutório, para torná-lo mais acessível e, assim, poder ampliar os segmentos de seus possíveis leitores. O que não significa, necessariamente, o empobrecimento dos conteúdos. Aqui estão nossas intenções e nossos esforços.

Para tanto, evitamos de propósito uma linguagem muito acadêmica. Optamos por facilitar, mas tentando não reduzir ou simplificar os conteúdos. Essa é uma tarefa difícil, claro, mas necessária e possível.

Tornar-se compreensível deve ser uma das finalidades da inteligência, como defendeu o grande escritor e pensador francês Victor Hugo (1802-1885): "quando não somos inteligíveis é porque não somos inteligentes".[1]

A inteligência é aqui considerada em seu sentido amplo, tanto a oral, que é própria do ensino, quanto a inteligência escrita, que é própria da pesquisa (ambas teóricas), como a inteligência prática, que é típica da extensão.

E falamos isto porque estamos pensando nas metas constitucionais da universidade. Eis o preceito consagrado no artigo 207, capítulo III — Da educação, da cultura e do desporto: "as universidades (...) obedecerão ao princípio de indissociabilidade entre ensino, pesquisa e extensão".

A pesquisa como princípio direcionador da produção e transformação de conhecimentos, o ensino como objetivo pedagógico imediato e intransferível e a geração de efeitos sociais mais amplos como política e prática, essa tríade articulada é que deve ser a meta central da universida-

[1] *Libération*, Paris, 30 maio 1968. p. 21.

de. Assim, creio, as universidades estarão assumindo integralmente o seu papel social definido pela legislação, pela história e pela ética.

Venho alimentando essa ideia de integrar os saberes da sociologia e da educação física desde maio de 1990, no Departamento de Ciências Sociais, do Instituto de Filosofia e Ciências Humanas, da Universidade do Estado do Rio de Janeiro.

Primeiro, quando propus e coordenei a criação do Núcleo de Sociologia do Futebol (maio de 1990), e depois, como desdobramento deste, em março de 1994, quando planejei, organizei e passei a ministrar a disciplina eletiva sociologia do futebol, pela qual até 2010 passaram mais de 750 alunos e alunas. A revista *Pesquisa de Campo*, a partir de junho de 1994, foi outro momento importante. Iniciativas, todas as três, conhecidas e reconhecidas como pioneiras, no sistema universitário brasileiro.

Sociólogo por formação, já trabalhava com esporte de forma mais sistemática, desde 1986, em escolas do ensino médio, da rede privada e da rede pública (municipal). Desde então, senti "na pele" a necessidade de aproximar sociologia e educação física. Ao longo desse tempo fui juntando observações, opiniões, estudos e pesquisas, e em fins de 2007 comecei a escrever este trabalho, que agora torno público. Sua primeira edição foi em 2009. Vários foram os obstáculos que tivemos de superar, e estes eram de muitos tipos. Até mesmo uma barreira ideológica mais evidente, entre outras, como veremos a seguir.

De modo geral, os sociólogos achavam (ainda acham um pouco) que o "pessoal" da educação física é "meio alienado", às vezes tendendo até mesmo para "posições de direita". Essa visão, claro, é preconceituosa, mas de certa maneira era reforçada pelos vínculos dos cursos de educação física com os militares e suas instituições, muitas vezes autoritárias, principalmente durante o período da ditadura pós-1964.

Do outro lado, a imagem mais ou menos generalizada do sociólogo é "ser de esquerda", "pessoal revoltado, radical", mais no passado do que no presente, porém ainda hoje. Esses estereótipos sem dúvida ajudaram a dificultar e a impedir contatos, interações e intercâmbios mais profundos entre as duas áreas.

Felizmente, isso parece estar sob controle, nos dias que correm, e os elementos de comprovação empírica não são poucos. Apontam para uma atualidade bem melhor que o passado recente, o que é bom, porque facilita as relações, as convergências e os trabalhos comuns. A perspectiva tem sido animadora.

Gostaria que ficasse bem claro que esta é uma primeira aproximação dos variados temas que se localizam nessa interface da educação física com a sociologia. Aqui não se tem a pretensão de esgotar nenhum conteúdo, mas de contribuir para incentivar outras leituras, novas e aprofundadas, porque entendemos que esse assunto é uma ajuda possível e necessária para a formação profissional nas duas áreas de conhecimento. Há uma reciprocidade evidente entre ambas, cada vez mais reconhecida e confirmada pela pesquisa científica. No caso brasileiro, mais especialmente a partir do final da década de 1980 e início da de 1990.

Essa conjuntura assiste a um salto de qualidade nas pesquisas de base científica, tanto na área da educação física quanto da sociologia. Nesta, porque assumiu de vez aquilo que já vinha acontecendo há algum tempo: a incorporação, de forma mais sistemática e permanente, dos temas ditos "populares", como os esportes e seus rituais, os corpos e suas resistências, as artes "de raiz" e suas sociolinguagens.

Naquela, isto é, a educação física, porque ocorreu uma abertura maior na formação do profissional, que passou também a estar voltado para a pesquisa, além do ensino, como era tradição. Por exemplo, a monografia de final de curso passou a ser uma exigência, de acordo com a Resolução nº 3 do Conselho Federal de Educação, do Ministério de Educação e Cultura, de 16 de junho de 1987, a qual criou a alternativa do bacharelado para a educação física além da licenciatura, que era predominante, o que incentivou a investigação acadêmica e mesmo uma nova mentalidade, já na graduação.

Concomitante e talvez em consequência disso, pelo menos em parte, foi acontecendo um crescimento dos programas de pós-graduação, na educação física, um pouco mais na chamada área dura do que na área social. Nas ciências sociais, essa expansão da pós-graduação *stricto sensu* aconteceu mais ou menos uma década antes, especialmente na história, na antropologia e na sociologia.

Evidente que nos dois casos estamos falando de processos e que, por isso mesmo, não há momentos assim tão definidos e definitivos. Esse é um esforço meramente didático e que merece todas as relativizações possíveis e preventivas.

Na atualidade, ambas as áreas têm em pleno funcionamento e em grau de excelência programas de mestrado e doutorado em vários pontos do Brasil, considerados bons e muito bons, com bastante produção intelectual e publicação de artigos, capítulos de livros e livros.

A meu juízo, foram as pesquisas esportivas, entre outras, claro, as que mais aproximaram as duas áreas, num intercâmbio fecundo para ambas. Esse é mais um elemento que ajuda a justificar e fundamentar os objetivos do presente livro.

A pesquisa científica, sistemática e consistente, estruturada e fundamentada teórica e metodologicamente (aqui está incluída a parte técnica, a parte prática da investigação), é essencial para o desenvolvimento de qualquer área do conhecimento. Essa "consciência" é necessária e imprescindível para uma boa formação acadêmica e, mais ainda, é necessária e imprescindível para uma boa atuação profissional.

A pesquisa de caráter científico exige uma tríade de saberes articulados que fundamentam o processo de trabalho, desde o planejamento até a tabulação e análise dos resultados, passando pela investigação propriamente dita, a chamada pesquisa de campo. Esses saberes são a epistemologia (fundamentos filosóficos), a teoria (fundamentos conceituais) e a metodologia (o que, por que e como fazer).

A ciência, em última instância, é um processo palimpsesto (várias camadas) de problematizações, de construções e de produções de conhecimentos. Os agentes de seu trabalho são "descamadores" de "objetos" em estudo. Os pesquisadores são os estudiosos das diferentes "camadas" ou dimensões que formam uma determinada realidade, bem como de suas relações.

Cientificamente, buscam as causas e as raízes desses objetos, em seus diversos domínios; filosoficamente, buscam os sentidos do conhecimento — sentidos culturais, históricos, humanos. Essa "realidade" (entre aspas, porque ela não é direta, não é dada, mas é construída ou reconstruída), que é um fenômeno ou um conjunto de fenômenos, quando está sendo estudada passa a ser chamada de "objeto de estudo".

E a pessoa (o "ser social") ou o grupo de pessoas, quando está estudando o "objeto", passa a ser o "sujeito do conhecimento". Portanto, "sujeito" e "objeto", sempre entre aspas, são apenas referências, provisórias e relativas; cada um deles só se define na relação com o outro.

No processo de conhecimento da ciência, a comprovação empírica — dados e informações — da realidade estudada, isto é, de um determinado conjunto de fenômenos, por mais "visível" que seja, não autoriza a sua generalização, a sua universalização para todos os casos. É preciso fazer sempre pesquisas específicas para situações específicas.

Isto, por um lado. De outro, por maior que seja (ou esteja) a "invisibilidade do real", por mais ocultas que possam ser as suas relações, isso não impede o desenvolvimento da pesquisa científica e a obtenção de seus resultados. Todo processo de investigação tem as suas dificuldades, e é preciso enfrentá-las, porque um obstáculo pode, talvez, vir a ser um novo "dado de realidade" para uma pesquisa.

As considerações feitas até aqui são uma espécie de introdução metodológica ao livro que está começando. Servem para situar alguns parâmetros do trabalho que vem a seguir e dar a ele uma consistência maior, uma lógica para "amarrar" os capítulos que iniciam agora. E iniciam com uma história geral, bem geral, do surgimento da sociologia enquanto ciência, ali em meados do século XIX, na Europa burguesa, industrial, financeira, capitalista, urbana e imperialista.

Capítulo 1

A fundação científica da sociologia

A sociologia é uma das ciências sociais e construiu o seu estatuto científico por intermédio do positivismo, na França do século XIX. Augusto Comte (1798-1857), francês, matemático, físico e filósofo positivista, é considerado o pai da sociologia.

A palavra sociologia (*socius*, companheiro, + *logos*, estudo), criada por Comte para nomear a ciência que nascia, apareceu pela primeira vez em 1830, quando da publicação do primeiro volume de seu mais importante livro, chamado *Curso de filosofia positiva.*[2]

Obra-prima de Augusto Comte, publicada em seis volumes entre 1830 e 1842, o *Cours de philosophie positive* é um trabalho teórico da maior importância para entender as origens da sociologia e seus fundamentos filosóficos e ideológicos. Comte demarcou o objeto de estudo da sociologia — "as relações sociais" —, e esse é o primeiro passo para a constituição de uma ciência.

Comte, influenciado pela teoria evolucionista, formulou a célebre lei dos três estados — o teológico, o metafísico e o positivo — para demonstrar

---

[2] Algumas obras clássicas fundamentais, como essa e outras por vir, não estarão citadas na bibliografia do presente livro porque há muitas e boas edições, originais e traduzidas. Evitamos uma escolha, e assim o leitor está livre para optar. Porém, não deixamos de fazer as indicações que julgamos necessárias em relação a esses livros.

as diferentes etapas da "evolução histórica" por que passam as sociedades e mesmo cada indivíduo pessoalmente. O estado positivo seria aquele fundado no conhecimento científico, e este era considerado como saber "superior".

Na realidade, isso resultou no cientificismo, a excessiva valorização da ciência, uma quase ditadura desse saber e que serviu de instrumento ideológico para justificar pressões e opressões dos países "civilizados" (a civilização capitalista, baseada na ciência e em seu desdobramento prático, a tecnologia) sobre os demais. Numa palavra, o imperialismo, a política de dominação econômica e cultural que tanto serviu e serve aos interesses da burguesia industrial e financeira.

Comte pregava que o "consenso" deveria ser o fato social dominante para a formação, a consolidação e a sobrevivência das sociedades humanas. Isto porque o consenso é a base da coesão social, e esta, para ele, é indispensável à vida em grupo.

Um consenso por acordo, com base na lei e com legitimidade, que agrupasse todos os segmentos sociais em torno dos projetos de civilização do estágio positivista da evolução humana e social, este que para Comte era o estágio superior e o único capaz de dar conta das "questões sociais".

Em suas análises, evitava aceitar a existência da contradição e menos ainda do conflito social como "dados de realidade", como partes constitutivas das sociedades, como constantes estruturais. Segundo sua perspectiva, a contradição e o conflito existiam, sim, claro que existiam, mas como "defeitos" das instituições e de seu funcionamento equilibrado e harmônico. Por isso tinham que ser corrigidos, e nada melhor do que uma ciência para auxiliar o Estado e os governos nessa tarefa. E essa ciência era a sociologia.

Após a obra de Augusto Comte, que construiu o primeiro objeto de análise da sociologia — "as relações sociais" —, o passo seguinte foi a elaboração de um método de caráter geral que desse sustentação ao trabalho científico, àquelas tarefas próprias do processo de investigação e de produção de novos saberes.

Assim fazem as ciências que estão nascendo: constroem seu "objeto" e seu "método". Esse segundo passo, o método, foi dado pelo filósofo (a partir daí sociólogo) francês Émile Durkheim (1858-1917) e resultou no livro *As regras do método sociológico*, ainda hoje muito estudado.

Durkheim foi um precursor muito consistente da sociologia, como veremos melhor mais adiante, tendo inaugurado muitas linhas de trabalho e investigação científicas, como, por exemplo, em torno dos fenômenos sociais e humanos do suicídio e da educação.

Procurou dar à sociologia um estatuto epistemológico diferente do da filosofia — considerada por ele "muito abstrata" —, direcionando a nova ciência para a pesquisa dotada de métodos e técnicas, dotada de concretude, de objetividade, de comprovação, de cientificidade, em resumo. Os fatos sociais devem ser tratados como "coisa", isto é, com distanciamento, com objetividade e neutralidade, segundo Durkheim.

Relativamente à educação, atualizou algumas ideias de Saint-Simon (1760-1825), por quem foi parcialmente influenciado, como na noção de que a "essência" primordial da educação é que ela é uma "segunda natureza" (a expressão de Saint-Simon é mesmo "segunda existência").

Em consequência, a vida moral é tão importante quanto a vida biológica. Por isso os processos educativos, formais ou não formais, têm um peso institucional tão grande e influenciam tanto a história das sociedades.

No que toca ao suicídio, Durkheim foi pioneiro quando defendeu que existe nesse fenômeno uma dimensão social que não pode ser esquecida pelos estudiosos ao elaborarem suas pesquisas, interpretações e conclusões. Antes dele, o suicídio era considerado quase que somente um problema médico ou, no máximo, psicológico. Durkheim fez investigações concretas sobre o assunto, além de construir uma argumentação teórica e metodológica consistente, inaugurando assim um novo campo para a sociologia que estava nascendo.

Do ponto de vista político, Comte e Durkheim, cada um a seu jeito e modo, foram pensadores predominantemente "conservadores", mais Comte do que Durkheim. Em última instância, eram a favor da ordem burguesa e defendiam a sociedade capitalista. Em última instância, claro.

Isto, é óbvio, influenciou suas respectivas teorias. Não há teoria científica completamente isenta de ideologia. Essa é uma dimensão mais ou menos consensual, hoje, entre os estudiosos da teoria do conhecimento científico ou filosofia da ciência ou, ainda, epistemologia.

A conjuntura na qual a sociologia surgiu como ciência era a da afirmação histórica do capitalismo, enquanto estrutura social, e do poder da burguesia, como nova classe dominante. A sociologia e o positivismo tentaram dar "legitimidade científica" ao regime burguês e capitalista que se consolidava, cujos fundamentos eram o poder do capital, o trabalho especializado, a tecnologia avançada, a produção industrial, o desenvolvimento da ciência, o intenso comércio que criaria o "mercado global" imperialista, entre outros pilares socioeconômicos, políticos e ideológicos.

A tentativa de legitimação do novo regime se deu por intermédio de dois principais instrumentos ideológicos cuja intenção era evidentemente política, a saber: o evolucionismo e o etnocentrismo. O primeiro operava uma aplicação parcial da teoria evolucionista de Darwin na esfera da história, da sociedade e da cultura, entendendo o capitalismo como "o auge da evolução das sociedades na história".

Se a história humana era evolutiva, e se o seu auge era o capitalismo, como defendiam os positivistas, a conclusão era óbvia: não haveria nada de melhor além do capitalismo, e tudo aquilo que já fora testado na história era inferior a ele.

Então, o melhor era não haver mais tentativas de revolução, isto é, mudanças profundas na estrutura social, mas tão somente reformas, ou seja, modificações sem transformações nas estruturas já consolidadas e tidas como superiores. Em outras palavras: "ordem e progresso". Sim, o lema da bandeira brasileira é um lema positivista. Admite-se o progresso como necessário, desde que a ordem (aqui entendida como sinônimo de ordenação, de sociedade) seja preservada.

O outro instrumento, o etnocentrismo, era uma espécie de consequência do anterior, o evolucionismo. Etnocentrismo, de modo simplificado, é tomar uma cultura com "centro" e fazer seus critérios serem as referências para a avaliação de outras culturas. E isto só é possível se uma determinada cultura for vista como superior às demais, fato que ocorre no evolucionismo.

Historicamente, evolucionismo e etnocentrismo serviram como ferramentas ideológicas para justificar a dominação política, a opressão social e a exploração econômica. Estas são dimensões macrossociais da violência, fenômeno tão estudado pela sociologia e também pela educação física, bem como por suas interfaces. As distintas práticas de violência ocorridas nos esportes, dentro e fora dos estádios, o *doping*, o excesso de exercícios físicos, a exclusão são exemplos dessas pesquisas, para ambas as áreas.

Todo esse processo histórico acontecia de maneira muito peculiar, por meio do imperialismo (ou neocolonialismo) — dominação política e exploração econômica —, no contexto de afirmação do capitalismo, conjuntura esta que é a mesma do desenvolvimento das ciências sociais, desenvolvimento liderado pela sociologia positivista. Esta, como já vimos, era politicamente conservadora, ou seja, a favor dos poderes estabelecidos. Mas, atenção: o positivismo influenciou muito a primeira sociologia, não toda a sociologia.

Karl Marx (1818-83) e Friederich Engels (1820-95) se opuseram radicalmente à sociologia positivista e defenderam uma sociologia crítica, contrária ao capitalismo, à burguesia, ao evolucionismo, ao etnocentrismo e a tudo que vinha daí. Pregavam a "revolução" (mudança profunda na estrutura social), não só como prática política, mas também como princípio teórico definidor de sua sociologia crítica.

Marx e Engels trabalharam quase sempre a quatro mãos. A obra de um é também a obra do outro. Inovaram quanto ao papel social da teoria e preconizaram que esta deveria não somente interpretar o mundo, mas transformá-lo, "revolucioná-lo". Foram pensadores militantes, ou seja, engajados nas lutas de seu tempo, inclusive na construção de uma associação internacional de trabalhadores, a Internacional Comunista.

Mais do que isso, elaboraram um projeto político de longo prazo que buscava a sociedade comunista. O comunismo seria a última etapa de um processo histórico feito por revoluções e que teria no socialismo a sua fase de transição, de preparação. Os livros *O capital* e *Manifesto do Partido Comunista* podem ser considerados um resumo da vasta produção de Marx e Engels, a qual muito influenciou a história contemporânea.

Max Weber (1864-1920) faz parte dos fundadores da sociologia, e sua importância é marcante na história do pensamento sociológico. De início, foi influenciado por Marx, depois, assumiu uma independência radical, acadêmica e pessoalmente.

Em boa parte de sua reflexão científica, pensou a sociologia como uma teoria do poder, e não somente dos macropoderes, mas também dos micropoderes, aqueles que perpassam todas as relações interpessoais.

O poder seria o fator explicativo de quase tudo na vida em sociedade, e Weber tinha um entendimento crítico a respeito das estruturas de poder, de qualquer poder. Portanto, não era adepto da sociologia positivista.

Weber desenvolveu interpretações sociológicas diversificadas, quase sempre com um apurado grau de erudição histórica e filosófica. Pesquisou e escreveu sobre liderança, burocracia, religião, economia, política, música. *A ética protestante e o espírito do capitalismo* e *Economia e sociedade* são os seus mais importantes trabalhos no campo da sociologia política e geraram conceitos úteis também para outras áreas do saber, como veremos mais à frente.

Capítulo 2

A sociologia clássica

Esse tipo de herança, essas contribuições que nasceram do pensamento sociológico, mas que vão além da própria sociologia, alcançando outros setores do conhecimento humano, não foram propriedade privada de Max Weber. Outros autores clássicos, igualmente, como Marx e Durkheim, influenciaram outras épocas e outros saberes. Aliás, é isto, exatamente isto, que define um clássico.

De outra maneira, pode-se dizer que um clássico é aquele pensador que passa a sensação de que suas ideias pertencem a quase todas as épocas, e não a uma determinada. E de fato pertencem. Suas reflexões parecem sempre atuais e sempre têm alguma contribuição a dar, direta ou indiretamente. E de fato são atuais e trazem alguma contribuição. Dão sempre a impressão de que são pensamentos indispensáveis ao desenvolvimento daquela área científica. E de fato o são. O diálogo permanente com os clássicos de um campo do saber é condição essencial para o seu progresso.

O principal objetivo deste nosso livro é justamente examinar as possíveis contribuições da sociologia clássica (e da sociologia contemporânea, mas daquela que, pelo jeito, parece que vai se tornar clássica também) para os estudos teóricos e as práticas da educação física, no bacharelado e na licenciatura.

Reflexões e práticas, tanto no âmbito escolar quanto no âmbito da competição esportiva socioeducacional e até mesmo da formação dos atletas de alto rendimento, no nível profissional. Ao longo do livro, indicaremos passo a passo algumas possibilidades, como as que vêm a seguir.

Por exemplo, na educação física escolar e em suas correlações sócio e psicodinâmicas, existe a possibilidade de aplicação prática de saberes relacionados aos conceitos de: desenvolvimento cognitivo e linguagens corporais; corpo e instituição; representações de gênero e imaginário; liderança e idolatria; rituais, religiosidade e educação; escola, etnocentrismo e socialização; esportes e identidades; aspectos antropológicos e socioeconômicos da nutrição e da saúde; sociologia da saúde preventiva e não medicalizada; interação, formas de interação social e jogos, como a discussão sobre os limites dos "jogos cooperativos"; cultura, cultura local, folclore e recreação; meio ambiente, turismo, jogos e esportes; atividades de comunicação formal e informal; ética, direito e legislação; lazer, entretenimento, espetáculo, tempo livre e gestão; inclusão e exclusão; necessidades especiais e envelhecimento, entre outros assuntos.

Todos esses conhecimentos ligados à sociologia e a outras ciências sociais afins podem ser elementos auxiliares dos trabalhos dos profissionais da educação física. Então, e somente para ir dando exemplos concretos de como a sociologia pode ajudar a educação física a pensar e a problematizar suas práticas, vejamos os chamados "jogos cooperativos", muito frequentes nessa área.

Jogos cooperativos: um breve exemplo

Estes são atividades lúdicas, ao que parece, baseadas na ideia de "equilibração", a qual é proveniente da dialética de Friederich Hegel (1770-1831), equilibração que foi um dos pilares da pedagogia de Jean Piaget (1896-1980), considerado por muitos, talvez, o maior educador do século XX.

Eis a matriz dessa noção: as diferenças e até contradições entre elementos opostos devem caminhar para um equilíbrio que é necessário porque é a melhor alternativa para ajudar a solucionar os conflitos oriundos da competição.

E, nesse caso, a melhor forma de interação social entre os indivíduos participantes é a cooperação, porque auxilia na assimilação de conhecimentos, de atitudes e habilidades essenciais para se conquistar socialmente a "consciência da cooperação", a qual contribui para a "redução da competição" e para a "neutralização do conflito".

Os "jogos cooperativos" seriam opções exemplares de aplicação prática dessas reflexões teóricas. E relevantes para o presente livro porque estão inseridos nas práticas sociopedagógicas da educação física.

Piaget chegou a defender que as professoras dos ciclos básicos, para irem além da "mera" transmissão de conteúdos e serem educadoras de fato, "arrastassem as cadeiras e deixassem os alunos brincar e jogar".[3] Assim fortaleceriam os laços de inserção, identificação e cooperação grupal, condições preparatórias para o desenvolvimento das estruturas cognitivas e para o processo de aprendizagem como etapas do desenvolvimento humano.

Afinal, o sentido histórico e ético da instituição escola, sem dúvida, é bem maior do que somente propiciar conhecimentos e habilidades para uma eficiente concorrência do formando no mercado de trabalho. Para além de uma profissionalização técnica bem instrumentalizada, a escola deveria se preocupar em formar os cidadãos de uma realidade multicultural, capazes de correlacionar significados, perceber simbologias, questionar preconceitos e exclusões sociais, saber identificar realidades e reconhecer identidades.

Acumular informações, claro, é necessário, mas não é suficiente. Memorização não é igual a compreensão, assimilação e criatividade. Mais do que ter as informações, é preciso saber selecionar, relacionar, criticar, negar, superar, transformar. Fazer o intercâmbio entre conteúdos universais e culturas locais, respeitando-se as diferenças e humanizando o conhecimento, em todos os níveis, pessoal, grupal, institucional, estrutural. No entanto, essa "missão" civilizatória da escola não elimina a contradição, os antagonismos, os conflitos como dados de realidade.

Em sociologia estudamos que, dependendo das circunstâncias, a competição decompõe a integração do grupo e pode levar ao conflito, tanto

[3] Apud Lima, 1968:81.

na esfera das micro quanto das macrorrelações. E isso pode ser comprovado até empiricamente, ou seja, pela experiência.

Por outro lado, o primeiro capítulo do livro da socióloga norte-americana Janet Lever (1983:21) estuda o paradoxo central do esporte enquanto simbologia da vida humana e social, mostrando como a sua integração se processa, também, através da competição e até mesmo do conflito. Também isto é passível de comprovação empírica.

Apesar dessas distinções e oposições, e até por isso mesmo, a universalidade tanto dos rituais lúdicos quanto dos esportes pode ser explicada por essa capacidade que eles têm de ser metáforas, isto é, de representar as relações humanas, sua sociabilidade, seus fundamentos, seus modos de dar-se a conhecer, suas ambivalências, antagonismos e conflitos. Em outras palavras: exercitam a sociedade e a cultura locais.

Então, é bom ficar claro que, com todo o mérito dos jogos e dos esportes, e por mais que estejam voltados para a cooperação, a inclusão, o desenvolvimento e a paz, tudo isso não apaga o seu elemento de competição, que é constitutivo da atividade e da própria "condição humana". O grande desafio que os projetos lúdicos e esportivos enfrentam é evitar que a competição descambe para a agressividade, agressividade desmedida e mal direcionada, e, assim, tentar neutralizar a violência.

Mas também é bom que fique claro que idealizar "jogos cooperativos", onde todo e qualquer traço de competição esteja excluído, banido, pode ser ilusório e até mesmo enfraquecedor da experiência e de seus protagonistas. Tanto da experiência imediata, concreta, como da experiência humana mais geral, porque corre o risco de ficar muito artificial, muito descolado da realidade e, assim, "pouco socializador" (no imediato) ou até, em escala mais ampla, "pouco civilizador".

Segundo Simmel (1983:124), "um grupo absolutamente centrípeto e harmonioso, uma visão pura, não só é empiricamente irreal, como não poderia mostrar um processo de vida real. (...) a sociedade, para alcançar uma determinada configuração, precisa de quantidades proporcionais de harmonia e desarmonia, de associação e competição".

É célebre e gerou polêmica a diferenciação entre "agressividade benigna" e "agressividade maligna" feita pelo filósofo e psicanalista alemão

Erich Fromm (1900-1980) em *The anatomy of human destructiveness* (1977). O autor discute a positividade necessária da primeira, no processo de construção da identidade pessoal, na defesa das culturas e das sociedades e na sobrevivência da espécie, em oposição à outra, inerente aos contextos de dominação, opressão e destruição pessoal, grupal e nacional. Esse livro foi uma referência clássica para os debates em torno dessas questões que povoaram o final da década de 1960 e o decênio seguinte, com ecos consideráveis ainda hoje.

Depois do rápido exemplo dos "jogos cooperativos", mais comuns na educação física escolar e mais ligados à licenciatura, podemos apresentar também algumas contribuições da sociologia para as práticas da educação física no âmbito dos desportos profissionais e suas correlações sócio e psicodinâmicas.

São alternativas possíveis:

- auxiliar a preparação dos praticantes de diversas modalidades, nas divisões de base dos clubes, ajudando a construir o novo enfoque que vem ganhando espaço, segundo o qual a formação do atleta profissional deve ser parte de sua formação geral, socioeducacional, de cidadão;
- participar dos trabalhos de acompanhamento dos atletas nas equipes principais de competição no alto rendimento, tendo em vista as dimensões econômicas, políticas e culturais do profissionalismo, da exposição na mídia, da fama, da idolatria e suas consequências psicossociais;
- trabalhar na equipe de preparação física, colaborando com os conhecimentos associados aos aspectos sociais da alimentação, da nutrição e da importância da saúde esportiva, preventiva e médica, entre outros assuntos.

As contribuições acima referidas são apenas alguns exemplos, exemplos iniciais, entre outros possíveis. Ao longo deste livro pretendemos apresentar algumas outras opções de aplicabilidade de conhecimentos da sociologia à educação física que podem contribuir para fundamentar melhor as diversas práticas da área.

De volta à sociologia clássica

E como agora estamos voltando a falar em sociologia clássica, vamos dar sequência ao nosso texto fazendo um esclarecimento necessário. Esse esclarecimento tem a ver com a história do pensamento sociológico, bem como com os fundamentos teóricos e metodológicos do presente livro, além de ter a ver também com os seus objetivos principais.

Nossa maior preocupação não é com os clássicos "da sociologia, num sentido histórico-cronológico do termo, mas sim com aqueles autores que, pelo alcance e profundidade de suas contribuições originais e pela sua presença na atividade sociológica contemporânea, merecem sem dúvida a qualificação de *clássicos*. Daí a ênfase (...) em Durkheim, Weber e Marx. Do contrário, seria necessário incluir textos sobre autores como Comte ou Spencer, o que poderia ser útil em outro contexto, mas não neste".[4]

Se, como já foi dito, a "primeira sociologia", a positivista, é politicamente (e ideologicamente) conservadora e reformista, a "segunda", a marxista, se pretende progressista e revolucionária. Isto fez com que uma e outra defendessem coisas diferentes, e muitas coisas questionáveis, segundo a visão de cada uma delas. E não poderia ter sido diferente, considerando-se os princípios da lógica (tanto a lógica formal quanto a lógica dialética) e os princípios da teoria e da metodologia científicas.

Porém, na condição de pioneiras, essas "escolas" tiveram a oportunidade histórica de ser originais, de trazer novidades e, assim, de poder construir referências. E efetivamente construíram referências.

Essas duas "escolas" (a positivista e a marxista) e a "terceira", a sociologia weberiana, produziram uma série de novos conceitos, valores e dimensões analíticas que são importantes também para outras áreas do saber social, como a pedagogia, por exemplo, e suas aplicações particulares, como a educação artística e a educação física.

Dessas grandes teorias sociológicas clássicas é possível se servir de interpretações, conceitos e princípios teóricos que ajudam a entender a educação física como prática socioeducacional, e as atividades corporais

[4] Cohn, 1977: 2.

lúdicas, como fatores da cultura, representações sociais e sínteses das expressões e das contradições históricas da formação de uma determinada coletividade.

Em resumo, a sociologia ajuda no processo (imprescindível) de contextualização histórica, estrutural e teórica da educação física, dos esportes e dos eventos culturais relacionados a ambos.

Capítulo 3

A contextualização como método sociológico

Conforme dissemos em outras oportunidades, *sociologizar* é, em certo sentido metodológico, contextualizar. Poder-se-ia ampliar e dizer ainda que a contextualização (teórica, histórica e social) é um dos aspectos distintivos da análise científica em geral, e não somente da sociologia. E isto para tentar uma compreensão mais ampla dos temas investigados, para emprestar maior fidedignidade teórica às reflexões e maior fiabilidade empírica aos resultados e conclusões finais.

Contextualização teórica tem a ver com as "escolas", os autores e os trabalhos (pesquisas, livros, artigos) mais diretamente ligados à temática estudada e ao enfoque da análise. Tecnicamente é a chamada revisão da literatura, que sempre é um capítulo indispensável dos projetos de pesquisa e dos planos de investigação implementados pela ciência. A revisão da literatura faz uma espécie de história do "objeto" que está sendo estudado, uma avaliação do que de melhor já foi dito sobre o tema.

As outras contextualizações anotadas são a histórica e a social. A primeira, ou seja, a histórica, tem a ver com o "tempo", isto é, com a época em que aconteceu o fenômeno, com o momento, com o processo histórico. Este é constituído pelo "passado", o "presente", e o "futuro", que se relacionam, respectivamente, à formação, à organização e à transformação da sociedade onde o fenômeno observado está inserido.

Aqui a aproximação entre duas áreas científicas, a sociologia e a história, chamadas de ciências irmãs, é evidente; por essa razão, entre as diversas definições de sociologia que podemos utilizar, a do sociólogo brasileiro Costa Pinto se encaixa perfeitamente: "sociologia é o estudo científico da formação, da organização e da transformação das sociedades humanas".

A outra, a contextualização social, tem a ver com as estruturas que envolvem o fenômeno, a econômica, a política e a ideológica, que juntas e articuladas formam a estrutura social. A esfera econômica das sociedades está relacionada ao conjunto da produção e distribuição da riqueza; a esfera política, ao conjunto da produção e distribuição do poder; e a ideológica, ao conjunto da produção e distribuição de ideias.

E, é claro, em toda essa estrutura social atuam os "agentes sociais", ou seja, as pessoas que interagem entre si e com as diferentes realidades e, assim, constituem os grupos sociais, os setores de classe e as classes sociais. Todos esses agrupamentos aproximam pessoas, de acordo com interesses e intenções. Esta é uma das dimensões sociológicas básicas e, por isso, não pode e não deve ser esquecida.

Nesse caso da contextualização social, a aproximação teórica da sociologia se dá com outras ciências sociais igualmente "irmãs", que são a economia, a ciência política e a antropologia. Aqui o conceito que se enquadra muito bem é aquele oriundo das reflexões dialéticas de Marx e Engels, em trabalhos variados, e que pode ser resumido assim: sociologia é o estudo científico, total e dinâmico (dialético), das estruturas sociais, que são econômicas, políticas e ideológicas.

Além da contextualização, inúmeros conceitos produzidos pela tradição sociológica atuam como verdadeiros instrumentos teórico-metodológicos de pesquisa e interpretação de diversas realidades em vários campos da sociologia propriamente dita e para além dela mesma.

A educação física, o nosso propósito específico neste ensaio, é um desses universos que podem usar e efetivamente têm usado muitas das conceituações e métodos das ciências sociais. É o caso da etnometodologia, da análise do discurso, da história oral, da etnografia, da observação participante, domínios que pretendemos desenvolver e detalhar num próximo trabalho.

Em contrapartida, a educação física tem oferecido à sociologia uma gama variada de objetos de estudo e pesquisas de "fundo social" e algumas possibilidades de intervenção profissional, o que agrega valor a uma ciência que, historicamente, tem sido mais "pura" do que "aplicada". Por essas razões é que uma sociologia da educação física é importante e se faz necessária para ambas.

Capítulo 4

Sociologia e educação física

Logo a seguir apresentaremos alguns exemplos desses conceitos sociológicos que julgamos importantes para o ensino e a prática dos profissionais da educação física e de áreas afins. São conceitos básicos em sociologia e também em outras ciências sociais, como a história, a economia, a antropologia, a política, a linguística. A meu juízo, deveriam fazer parte da formação (e da valorização!) de professores, de pesquisadores e de todos aqueles cujas práticas de trabalho acontecem nas esferas da educação física.

A listagem adiante não tem a pretensão de ser definitiva. Claro que não! É apenas um ponto de partida que pode e deve ser ampliado. Uma intenção didática (como é o objetivo de todo este texto) que não esgota novas propostas de inclusão. Inclusão de outros conceitos e de outros autores, a fim de ampliar as possibilidades e reflexões.

A listagem desses conceitos sociológicos, aqui, tem a seguinte meta: contribuir para que a formação, tanto no bacharelado quanto na licenciatura, dos profissionais de educação física (e de outras graduações correlatas) incentive neles uma visão mais ampla e mais crítica de seu próprio trabalho.

Que ao final do curso os formandos sejam capazes de demonstrar um pouco mais de consciência (social) e consistência (teórica), inclusive no que concerne à transdisciplinaridade em face de outros saberes. Na atualidade, essa questão do "conhecimento transdisciplinar" ainda é uma barreira que tem que ser pensada e superada em diversas atividades humanas.

O enfrentamento desse "obstáculo epistemológico",[5] que é ao mesmo tempo acadêmico e político, provoca a abertura das pesquisas e dos pesquisadores na direção de trocas e contribuições recíprocas. Numa palavra, é a busca da transdisciplinaridade, esse tecido unificador e necessário, quando se trata de produção de conhecimento. As limitações de cada discurso teórico e de sua *empiria* (experiência) ocasionam intercâmbios e interfaces que ajudam o avanço e o enriquecimento das ciências.

Em resumo, podemos dizer que "a abordagem (...) transdisciplinar é resultante da articulação complexa, (...) e altamente produtiva entre múltiplos saberes. Transdisciplinaridade possui uma qualidade teórica diferente e superior às tradicionais inter ou multidisciplinaridade. Metodologicamente, funda novas instâncias, novas categorias, novos conceitos".[6]

Apesar de atualíssima, a questão da transdisciplinaridade remonta ao século XVII, época em que se deu a origem histórica dos sistemas de intercâmbio, fusão e difusão dos saberes gerados pelas pesquisas científicas. Os resultados das investigações deveriam ser divulgados para aproximar diferentes áreas de pesquisa e para difundir o conhecimento, primeiro entre os especialistas e, mais tarde, no século seguinte (XVIII), para o acesso do grande público.

Dois exemplos históricos

A fim de se chegar a esses objetivos, no século XVII foram criadas as revistas acadêmicas, e no século XVIII, a Enciclopédia, iniciada em 1759, sob a direção dos filósofos (filósofos iluministas ou enciclopedistas) Denis Diderot (1713-84) e Jean Le Rond D'Alembert (1717-83).

[5] Bachelard, 1977.

[6] Murad, 1996:59.

No século XVII ocorreu a revolução científica, e nela tornou-se mais ou menos comum a aproximação científica e tecnológica entre conhecimentos da química e da biologia, da física e da matemática e outros mais. No século XVIII aconteceram as grandes e decisivas revoluções burguesas e capitalistas: o Iluminismo, a Revolução Industrial e a Revolução Francesa.

O contexto sociocultural dessas revoluções do século XVIII e as necessidades daí emergentes aprofundaram a tendência anterior, que vinha do século XVII, de interação entre as diferentes ciências físico-químicas e matemáticas. Nos séculos subsequentes, XIX e XX, foi a vez do desenvolvimento e convergência das ciências humanas e sociais, a exemplo daquilo que havia acontecido com as ciências ditas exatas.

Em consequência, uma novidade desse período que tem início no século XVII, fase de expansão científica e tecnológica, foram as revistas universitárias, publicações criadas naquele momento histórico e que ajudaram a valorizar as ciências e suas interfaces. Os periódicos e seus artigos (artigos conjuntos, muitas vezes) marcaram época e fundaram uma tradição, mantida ao longo dos séculos e ainda hoje.

Albert Einstein, por exemplo, tornou-se célebre, com sua teoria da relatividade, a partir de 1905, ano de seu doutorado e da publicação de cinco artigos de sua autoria, quatro deles fundamentais para a física, para a matemática, para a astronomia, para a ciência e a tecnologia, enfim.

Em janeiro e março de 1665, respectivamente, entraram em circulação os primeiros periódicos acadêmicos de que se tem notícia: *Journal des Sçavants*, em Paris, e *Philosophical Transactions*, em Londres.

O que antes era privado e circulava apenas através de cartas trocadas entre os cientistas passou a ser público porque publicado em revistas qualificadas, que passariam, no futuro, a receber uma classificação de acordo com critérios de excelência. São as chamadas, atualmente, revistas indexadas.

No Brasil, hoje, os periódicos têm uma certificação dada pelo sistema *Qualis* — utilizado pela Coordenação de Aperfeiçoamento do Pessoal de Nível Superior (Capes) a partir de 2005 —, que gera uma avaliação dos veículos que existem para fazer o intercâmbio entre os trabalhos acadêmicos, tanto docentes quanto discentes.

A Capes, fundação vinculada ao Ministério da Educação, foi instituída em 11 de julho de 1951, pelo Decreto nº 29.741, no governo de Getúlio Vargas. Seu primeiro presidente, de 1952 a 1964, foi o eminente educador Anísio Teixeira, conceituado teórico e prático da pedagogia brasileira, um dos signatários e líderes do Manifesto dos Pioneiros da Escola Nova, de 1932.

Mas a transdisciplinaridade, isto é, a fusão de saberes diferentes que se encontram e dão origem a novos saberes, pode ainda ser encontrada em épocas bem mais remotas, recuando-se na história da humanidade.

Fomos até o século XVII porque decidimos nos fixar na chamada "ciência moderna". Todavia, se avançássemos mais, chegaríamos à filosofia grega do século V a.C., em que todos os conhecimentos eram entendidos como ramificações de um mesmo "tronco-mestre", e este era a própria filosofia.

Por exemplo, o teorema de Pitágoras é um conhecimento matemático, sim; todavia sua origem não é exatamente a matemática, tal como é concebida hoje, mas a filosofia... ou a filosofia matemática ou ainda a matemática filosófica. Pitágoras, filósofo e matemático grego, e seus seguidores se interessaram (filosoficamente) pelo estudo dos números porque entendiam que eles, além de sinônimo de harmonia, eram a melhor representação da "essência das coisas".

Há outros exemplos:

- a mais antiga hipótese física e geográfica da esfericidade da Terra, elaborada filosoficamente por Aristóteles e que seria comprovada somente em 1519-22, com a primeira viagem de circunavegação, iniciada por Fernão de Magalhães (morreu no percurso) e concluída por Sebastião Del Cano. Aqui, três saberes interagiram transdisciplinarmente: a física, a geografia e a filosofia;
- o atomismo do filósofo grego Demócrito de Abdera, que antecipou quase integralmente a atual teoria atômica da física de Einstein, de 1905, em suas dimensões, categorias e principais inovações. Nesse caso houve a articulação entre a física, a matemática e a filosofia;
- a pedagogia psicológica e sociológica — mais psicológica do que sociológica — da maiêutica de Sócrates, a qual na verdade era um método de

filosofia da educação. Em outras palavras, uma ferramenta de estímulo e criatividade voltada para a relação ensino-aprendizagem e que foi um dos bastiões da história do pensamento clássico, na Grécia antiga, com repercussões ainda hoje. Aqui foi a vez da convergência entre os conhecimentos da pedagogia, da psicologia, da sociologia e da filosofia.

Uma lista de conteúdos necessários

Então, vamos agora aos conceitos que ajudam a traduzir esses conteúdos necessários. São conteúdos da sociologia ou de áreas científicas afins, importantes para a educação física. São eles: "história", "estrutura", "conjuntura", "processo", "economia", "educação", "ética", "cultura", "socialização", "questão social", "etnocentrismo", "interação", "anomia", "interacionismo simbólico", "cooperação", "competição", "conflito", "violência", "jogo", "arranjos produtivos locais", "fato social", "método", "fato social total", "ritual", "arte", "corpo como simbologia", "*ethos*", "representação coletiva", "folclore", "gênero", "gestão", "meio ambiente", "*habitus*", "campo esportivo", "poder", "ideologia", "política", "alienação", "classe social", "*praxis*", "liderança", "burocracia", "carisma", "modernidade", "racionalização", "inclusão", "exclusão", "preconceito", "globalização", "localidade", "linguagem", "desenvolvimento", "crescimento", "cultura das organizações", "envelhecimento", "saúde", "pertencimento ou senso de pertença", "violência", "violência simbólica", "eficácia simbólica" etc.

Seria desnecessário esclarecer que não estamos propondo um estudo aprofundado, especializado, de cada um desses conceitos, mas sim uma ideia básica da maioria deles, de suas definições e relevância, bem como de sua aplicabilidade, para todos aqueles cujo trabalho profissional esteja diretamente ligado a realidades sociais, culturais, educacionais.

Em princípio, é suficiente que se saiba apenas uma definição básica, preliminar, de cada um deles. Essa conceituação mínima poderia ser encontrada em alguns dos melhores dicionários de língua portuguesa ou aqui mesmo, neste livro. E isto é o que vai acontecer com muitos deles ao longo do texto, naturalmente, digamos assim.

De modo um pouco mais avançado, também poderíamos buscar os significados desses conceitos em dicionários enciclopédicos e dicionários especializados de sociologia ou de outras áreas das ciências sociais, como história, economia, antropologia, ciência política. E de modo mais aprofundado, explicado e referenciado, os conteúdos dessas definições podem ser encontrados em suas obras de origem, naquelas fontes bibliográficas que estão sendo indicadas no correr do presente trabalho.

Contudo, a melhor opção, a meu juízo, seria a tradicional, aquela vinculada ao processo de ensino-aprendizagem. Em outras palavras, a organização de uma disciplina específica de sociologia (presencial) no curso de educação física, para explorar esses conceitos e outros mais a serem selecionados, de forma sistemática, integrada, contextualizada. E contextualizada, como já citamos, teórica, histórica e socialmente.

Penso não estar muito longe do razoável ao afirmar que o aprendizado desses conceitos e suas correlações, pelos graduandos (e até pós-graduandos, talvez) em educação física, pode estar inserido numa disciplina (ou em duas, o que seria ainda melhor) do tipo introdução à sociologia, com o programa dividido em duas grandes partes: sociologia geral e sociologia *da* educação física.

Repare bem que não é somente uma aplicação particular da sociologia *na* educação física. Isto também, claro, mas não só. Além disso, o que se espera e o que se pretende é a construção de uma sociologia da educação física, tal como aconteceu, historicamente, com a sociologia da educação, a sociologia da arte, a sociologia do direito ou a sociologia da saúde.

Para algumas faculdades de educação física ou de ciências do desporto, como é óbvio, isso não seria novidade; para outras, seria mais ou menos; e ainda para um bom número delas, seria algo bem novo. E é bom lembrar que uma proposta assim está de acordo com o que preconiza a legislação implantada em nosso país a partir da Lei de Diretrizes e Bases da Educação Nacional — LDB (Lei nº 9.394, de 20 de dezembro de 1996), quando preceitua, no lugar do "currículo mínimo", as "diretrizes curriculares".

E assim é para todos os ramos do conhecimento e de suas respectivas formações universitárias, quando se trata de incorporar inovações, digamos, filosóficas nos fundamentos e nos sentidos dos cursos. Portanto, não são questões privativas da educação física e de suas inter-relações com a sociologia, mas "obstáculos epistemológicos", e estes, como já anotamos, são a um só tempo acadêmicos e políticos.

Acadêmicos porque envolvem um processo particular de produção de novos conhecimentos e se situam no âmbito específico da cognição, da pesquisa, da criação e do ensino de saberes renovados. Políticos porque envolvem estruturas de poder e se situam no âmbito peculiar das lutas ideológicas e institucionais que frequentemente ocorrem entre os profissionais e os grupos de profissionais das áreas em questão.

A propósito, é bom que se diga que esta pode ser mais uma contribuição da sociologia (nesse caso, em sua interseção com a ciência política) para a formação dos profissionais de educação física. É que quase todas as polêmicas de maior alcance, nas universidades, não são exclusivamente acadêmicas, em sentido estrito. Em verdade, apontam para questões mais amplas, de natureza política e ideológica, para embates, estruturais, às vezes, que ocorrem também em outras instituições e nos chamados movimentos sociais.

Em síntese, para aquelas redes[7] de poder que se fazem presentes em todas as instituições sociais e que por vezes são o pano de fundo para entender muitas "divergências" entre acadêmicos.

Não foi por acaso que Max Weber — um dos fundadores e clássicos da sociologia, referenciado anteriormente — chegou a preconizar que essa ciência social se tornasse uma teoria do poder, tamanha a importância deste para a compreensão da vida em sociedade, em suas variadas instâncias, macro e microssocial.

Essas questões abordadas até agora são mais ou menos básicas para a construção do pensamento sociológico e podem ser instrumentos auxiliares para quase todos os ramos da atividade humana, porque ajudam na contextualização das ocorrências. E a contextualização, recurso de largo emprego na tradição sociológica, como já dissemos, é necessária para que o processo de análise seja enriquecido em possibilidades e alcance e, desse modo, a interpretação dos fenômenos seja mais estrutural e histórica, isto é, mais global e dinâmica.

[7] Latour, 1997.

Capítulo 5

Um pouco mais de sociologia clássica

Na abertura deste capítulo, repetimos agora aquilo que afirmamos antes. E fazemos isto somente para reforçar o sentido didático que pretendemos atingir com o nosso trabalho. Clássicos de uma ciência são todos aqueles pensadores mais decisivos que influenciaram a história daquele saber, muito além de sua época de emergência. E, por isso, a história de uma ciência é uma espécie particular de diálogo com os seus clássicos.

No que diz respeito aos fundadores da sociologia como ciência, a partir de meados do século XIX na Europa, essencialmente na França, na Alemanha e na Inglaterra, o destaque teórico e metodológico fica por conta dos três pioneiros de maior relevância daquela conjuntura inaugural: Émile Durkheim, Karl Marx e Max Weber. Estes são os "primeiros sociólogos" (outros nomes poderiam ser acrescidos aqui, como já registramos e já justificamos), todos com formação em filosofia e respeitável erudição.

Sem intenção, ao que tudo indica, cada um deles a seu modo e a sua feição, mesmo que indiretamente e sem que soubesse, ajudou a aproximação da sociologia com a educação física. E isto porque todos incluíram (direta ou indiretamente, repito) em seus estudos algumas das práticas componentes da área da educação física.

Os clássicos chegaram perto de quase todas as questões de relevo, ainda que não pudessem ter ido muito adiante em tantas temáticas. Como chamou atenção Roger Bastide (1971:11), "os fundadores da sociologia, ocupados em lançar as bases duma ciência nova, não podiam tratar aprofundadamente de questões tão particulares".

De suas teorias gerais é possível extrair ensinamentos que contribuem para a aplicabilidade da sociologia no espaço da educação física. É importante dizer, mais uma vez, que vamos fazer agora, com os clássicos selecionados, aquilo que, de certa forma, já estamos fazendo com outros conhecimentos da sociologia.

Assim, vamos indicar algumas possibilidades de correlação — algumas! — e não temos a pretensão de esgotar assunto tão amplo. A temática deve ser revisitada por outros pesquisadores e estudiosos, que podem e devem multiplicar este nosso "pré-projeto", a partir de outros enfoques e de outras experiências.

Do mesmo modo, é bom que se diga que eventuais aplicações de um recurso teórico ou metodológico de qualquer uma das áreas do conhecimento humano em outra requer cuidado, aprofundamento e complexidade, para evitar ou atenuar correlações apressadas, mecânicas ou imediatistas, irremediavelmente empobrecedoras.

É aconselhável fazer e sublinhar sempre essa sinalização, antes mesmo de serem apresentadas as propostas de interação entre saberes distintos, para que certas dúvidas possam ser esclarecidas preventivamente. E isso foi o que tentamos fazer a seguir: aplicabilidade e relativização.

Émile Durkheim (1858-1917)

Para muitos pesquisadores, Durkheim foi o "verdadeiro pai da sociologia", já que Augusto Comte (1798-1857), como precursor dessa tradição, esteve mais dedicado aos aspectos filosóficos da ciência social que nascia, isto é, a seus fatores constitutivos mais gerais. A construção concreta dos instrumentos teóricos e metodológicos da ciência propriamente dita ficou para mais tarde.

E foi Durkheim quem assumiu essa tarefa. Então, a sociologia passou por um primeiro momento mais genérico, para no segundo concretizar seus instrumentos, categorias e métodos. E foi mais ou menos assim que aconteceu na história do pensamento com quase todas as ciências.

O papel social (e a função ideológica) da sociologia foi uma das grandes preocupações do pensamento de Comte, cuja meta era fazer da sociologia uma "física social", tão "objetiva e atuante para a sociedade quanto a física o era para a natureza", como defendeu ao longo de toda a sua obra. A prioridade era estabelecer o sentido da nova ciência. Na verdade, os sentidos filosófico, histórico, cultural e político.

Comte projetava uma sociologia voltada para a "questão social", isto é, para ajudar a resolver o conjunto dos problemas socioeconômicos de uma época. E como isto seria feito? Por intermédio de "reformas" que superassem os problemas sem mudar, no entanto, as estruturas sociais existentes, que eram as estruturas do capitalismo, considerado o auge, a fase superior da "evolução" das sociedades na história.

Nessa perspectiva, a sociologia nasce como uma ciência pragmática (voltada para situações reais e concretas), utilitária (com uma utilidade imediata), instrumental (uma ferramenta na mão dos poderosos) e ideologicamente favorável à ordem capitalista e burguesa.

Muito valorizadas, as ciências eram vistas de modo geral como "verdades", e não como mais uma importante possibilidade do conhecimento humano. Este é o fenômeno histórico do cientificismo, da valorização excessiva da ciência.

A construção da defesa do valor da ciência e da afirmação de seu lugar histórico foi um dos instrumentos ideológicos relevantes naquele processo de consolidação da sociedade capitalista e do poder da burguesia enquanto "classe dominante". A sociologia de Comte está inserida nesse contexto e serve a ele como um de seus braços intelectuais.

Durkheim avançou na elaboração da nova ciência, em seus elementos básicos de fundamentação epistemológica e teórica, como está demonstrado em *A divisão do trabalho social*, sua tese de doutorado, defendida em 1893. Primeira grande publicação de Durkheim, é um consistente referencial ainda hoje e em todos os lugares. Clássica, portanto. Mas a sua contribuição não parou aí, nas reflexões de natureza teórica.

Deu um salto de qualidade e realizou trabalhos concretos, práticos, de investigação científica, como em relação ao fenômeno do suicídio e sua dimensão social, o que resultou na obra *O suicídio*, de 1897. Até então o suicídio era estudado somente pela área médico-psiquiátrica, como fenômeno psicológico extremo.

Durkheim também examinou crenças e práticas religiosas aborígenes do sistema totêmico na Austrália, o que gerou o livro *As formas elementares da vida religiosa*, publicado em 1912.

Para fazer essas pesquisas de campo, ir ao "terreno", como costumam dizer alguns cientistas sociais franceses ainda hoje, Durkheim acabou desenvolvendo pioneiramente métodos e técnicas de observação sistemática, de levantamento etnográfico e de pesquisa documental em fontes primárias e secundárias.

Esses os instrumentos teóricos e práticos da metodologia no processo de construção do conhecimento, buscando definir o que fazer, como fazer e por que fazer. Essa é uma etapa indispensável, porque é constitutiva, porque é formadora da ciência.

Todo esse acervo trabalhado por ele levou à elaboração de um dos seus livros mais respeitados, um clássico da sociologia, *As regras do método sociológico*, publicado em 1895. Foi o primeiro grande esforço no sentido de construir um método para a sociologia, conhecido e reconhecido, desde então, por conta de seus fundamentos e perspectivas, ou seja, em razão de suas formulações básicas. São elas:

- o objeto de estudo da sociologia é o fato social, e este deve ser tratado como "coisa", isto é, como realidade independente do observador; portanto, com mais objetividade, com mais distanciamento em relação ao sujeito. O "social" seria uma espécie de segunda natureza e por isso exige tratamentos e formulações mais ou menos equivalentes àqueles dados à natureza pelas ciências naturais;
- são características do fato social: a exterioridade, a transcendência e a coercitividade. Em outros termos: o fato social é exterior, porque é algo de fora dos indivíduos; é transcendente, porque ultrapassa a existência dos indivíduos — já estava antes e continuará depois, e exerce coerção, pressão, porque influencia fortemente a vida individual.

Conceitos de Durkheim: uma pequena seleção

Alguns conceitos durkheimianos, como *consciência coletiva* e *representações coletivas*, centrais em sua sociologia geral, muito utilizados e consagrados em sua obra, são pontos a serem destacados aqui. Isto porque são categorias importantes numa sociologia aplicada às reflexões e às práticas componentes da educação física, área transdisciplinar do saber, que estamos ajudando a propor.

Segundo Durkheim, *consciência coletiva*, conceito definido e amplamente usado em *A divisão do trabalho social*, de 1893, é

> o conjunto de crenças e de sentimentos comuns ao comum dos membros de uma determinada sociedade (...) é muito diferente da consciência individual, embora só se realize através de indivíduos (...) a sociedade não é uma simples soma de indivíduos; o sistema formado por sua associação representa uma realidade específica, que tem suas características próprias. (...) e é esta associação que é a causa dos fenômenos que caracterizam a vida social. (...) é que o todo não é igual à soma das partes; é algo de diferente, com propriedades diferentes.

Durkheim chegou a admitir que o "objeto verdadeiro da sociologia é investigar como se formam e se combinam as representações coletivas". As *representações coletivas* (conceito definido e empregado em *O suicídio*) "revelam a maneira pela qual uma coletividade se concebe a si mesma em suas relações (...) as representações coletivas são estados de consciência coletiva, diferentes da consciência individual. (...) as representações coletivas resultam de uma multidão de indivíduos associados (...)".[8]

Originárias da *consciência coletiva*, essas *representações coletivas* constituem as raízes sociais e culturais dos símbolos, dos mitos, dos rituais, do folclore, das atividades recreativas, dos jogos, do lazer, das linguagens corporais, dos corpos institucionalizados e das práticas esportivas, que são elementos formadores do universo da educação física.

---

[8] Apud Murad, 1996:28.

Durkheim também chegou a propor "uma psicologia social, diferente da psicologia individual, como ramificação particular da sociologia", para analisar a produção das *representações coletivas* através do método comparativo, correlacionando temas míticos, lendas, linguagens, atividades corporais, tradições populares, jogos.

Genericamente, podemos dizer que o objeto de estudo de uma provável sociologia da educação física não é outro senão a particularização deste, ou seja, investigar a produção das *representações coletivas* por intermédio das atividades físicas institucionalizadas ou não, histórica e socialmente construídas. Em outros termos, através das tradições, dos símbolos, dos rituais, das linguagens e das práticas lúdico-corporais e esportivas.

Repare bem quantas são as possibilidades desses enredos sociológicos relacionados às *representações coletivas*, quando aplicados às áreas da educação física. São muitas as chances de trabalho na educação escolar e na educação não escolar, na socialização e na inclusão social, no turismo e no meio ambiente, na terceira idade e no movimento, no envelhecimento e na saúde, no gênero e nas representações, na gestão, no marketing e na economia, no direito, na nutrição e na promoção do bem-estar, no corpo institucionalizado ou não, nos esportes e nas identidades.

No *ensino* pré-escolar e no escolar, em todos os níveis: fundamental, médio e superior. Na *pesquisa* universitária de graduação (programas de monitoria e iniciação científica) e pós-graduação *lato sensu* (especializações e MBA) e *stricto sensu* (mestrados e doutorados, acadêmicos e profissionais), bem como nas áreas de *extensão*: ONGs, institutos culturais, "escolinhas" (aqui entendidas como centros pedagógico-esportivos, e não locais que funcionam como "peneiras" para "olheiros" de empresários e de clubes), associações esportivas, de moradores, sindicais e outras.

Então, vamos relembrar: são muitas as alternativas de trabalho para a educação física no ensino, na pesquisa e na extensão, quando se trata da aplicabilidade dos saberes da sociologia, diretamente nas linhas de pesquisa de história, cultura e sociedade, e indiretamente na chamada "área dura".

E essas possibilidades alcançam maior importância ainda, porque ensino, pesquisa e extensão formam os objetivos centrais das universidades no Brasil, a sua tríade constitucional, segundo o artigo 207 de nossa Carta Magna promulgada em 5 de outubro de 1988.

No livro *As formas elementares da vida religiosa* (1912), Durkheim, ao analisar a "dicotomia sagrado-profano" como derivada da dicotomia sociológica (durkheimiana) básica entre o social e o individual, examina crenças e práticas religiosas na Austrália e identifica o sagrado ao social e o profano ao individual.

Para ele, ao contrário do profano, que é individual, o sagrado é elaboração da coletividade ou, ainda, o sagrado são os ideais coletivos projetados e condensados em realidades culturais e sociais. Realidades ou "fatos sociais" com suas características sociológicas básicas, sinalizadas anteriormente: a exterioridade, a transcendência e a coercitividade.

Durkheim postula que a associação entre os indivíduos, feita através da interação social (o processo básico da vida em sociedade), é um fator essencial, "sagrado", para a criação e manutenção dos processos sociais e da própria estrutura social como um todo. E essa associação primordial entre os indivíduos é fundadora de qualquer evento coletivo e ajuda a contextualizar suas análises e conclusões.

> A conclusão geral do livro que se vai ler é que a religião é uma coisa eminentemente social. As representações religiosas são representações coletivas, que exprimem realidades coletivas. (...) Assim mesmo, quando a religião parece pertencer inteiramente ao foro interno do indivíduo, é ainda na sociedade que se encontra a fonte viva da qual ela se alimenta.

O autor defendeu que, para a sociologia, o mais importante no estudo da religião é a via de acesso que ela oferece para a compreensão da sociedade, de suas interações sociais e simbólicas, de seus sentimentos e ideias coletivas.

Isto porque a religião é uma instituição, é parte integrante do contexto social: não pode ser entendida fora dele e ajuda a entendê-lo. Durkheim "sociologizou" a análise da religião, avançou na interpretação e atribuiu importância equivalente aos rituais seculares, não religiosos. Portanto, suas reflexões sobre a religião eram sociológicas, e não teológicas.

De origem judaica, Durkheim teve formação religiosa e estudou para ser rabino, mas depois abandonou o projeto que lhe fora confiado por sua família. Entretanto, não abandonou os estudos sociológicos da religião, e seu interesse era, declaradamente, o de sociólogo, e não de teólogo. Ouçamos o que ele próprio tem a dizer:

> Não pode haver sociedade que não sinta necessidade de conservar e de reforçar, em intervalos regulares, os sentimentos coletivos e as idéias coletivas que fazem sua unidade e sua personalidade. Ora, esta refeição moral só pode ser obtida por meio de reuniões, assembléias, congregações, onde os indivíduos, estreitamente ligados uns aos outros, reafirmam em comum seus sentimentos comuns (...).
>
> que diferença essencial existe neste sentido, entre uma assembléia de cristãos, celebrando as principais datas da vida de Cristo (...) e uma reunião de cidadãos, comemorando a instituição de uma nova constituição (...) ou algum grande acontecimento da vida nacional?[9]

Outras conceituações durkheimianas relevantes e que auxiliam nas possíveis conexões da sociologia com os fenômenos componentes da área da educação física são aquelas relacionadas:

- às "funções". Para Durkheim, as sociedades são formadas por múltiplas estruturas associadas entre si, e cada uma delas "cumpre determinada função" para garantir a funcionalidade do conjunto social. Para ele o todo sempre deve prevalecer sobre as partes. Então, por exemplo, qual a "função" da educação física escolar no todo da instituição escola, na ajuda que pode dar no amadurecimento dos aspectos cognitivos, afetivos e psicomotores, tão importantes para o processo de ensino-aprendizagem? Ou a do esporte na formação global de crianças e adolescentes, no treinamento da necessária assimilação de regras e normas de convivência, prática que exercita a cidadania?
- à "solidariedade". Durkheim admite que a solidariedade é a espinha dorsal da vida em sociedade e faz distinção entre "solidariedade mecânica", característica das *sociedades primitivas*, e "solidariedade orgânica", das *sociedades modernas*. Não nos esqueçamos que Durkheim também

[9] Apud Murad, 1996:31.

sofreu alguma influência do evolucionismo, o que ajuda a entender a distinção entre *primitivo* e *moderno*. Apesar de muito discutível, devido ao modo como ele formula tais questões, a ideia de solidariedade pode ser vista como elemento necessário à vida social e fator componente e indispensável das instituições. Inúmeras práticas esportivas, artísticas, lúdicas e corporais que fazem parte da educação física podem ser espaços de reeducação, de ressocialização, visando à solidariedade e ao companheirismo, buscando as ações coletivas, o ato de trabalhar em grupo e o sentimento de equipe, qual seja, de ver, perceber, considerar e respeitar o outro. Tudo isso ainda pode (eu disse: pode!) trazer um outro resultado complementar: a redução das práticas de violência, tão espalhadas pela sociedade.

- à "anomia". Conceito fundamental de sua teoria sociológica, está associado a situações de desregramento e desnormatização, de vazio de autoridade, ausência de liderança, não aplicabilidade de punição, de sanção (outro conceito importante em Durkheim), sanção normativa, legal ou ética. Em resumo, poderíamos dizer que está associado direta ou indiretamente à impunidade. A palavra *anomia* (do grego, *a* = prefixo de negação + *nómos* = lei, normas) significa desintegração ou ausência de normas e regras. Não é difícil relacionar esse conceito ao fenômeno da impunidade, da corrupção e da violência, tão frequentes na sociedade em geral e também nos esportes, embora nestes em menor escala do que em outras realidades sociais. A anomia, que é consequência de determinada desagregação social, por sua vez é também causa desta ou, no mínimo, facilitadora desses problemas acima referidos.

Mauss e o conceito de fato social total

O conceito de "fato social total" já pode ser percebido na obra de Durkheim, onde está implícito. Todavia, foi Mauss quem explicitou e de fato construiu esse conceito, tão importante para a história da sociologia e para aquilo que estamos buscando neste livro.

Mas vamos arrumar as ideias passo a passo, didaticamente, para facilitar a compreensão. Um bom primeiro passo, penso eu, pode ser dado através das reflexões de Durkheim sobre a vida religiosa.

Do ponto de vista da sociologia enquanto construção científica das sociedades, não há nenhuma diferença essencial, nenhuma distinção de fundo entre uma assembleia religiosa e uma assembleia cidadã.

Ambas são coletividades sociais interagindo culturalmente por intermédio de símbolos. E isto porque Durkheim está pensando a religião sociologicamente (e não teologicamente), ou seja, como "fato social", com todas aquelas características próprias de um fato social, já sinalizadas e conceituadas aqui neste livro.

Mais do que isso, ele indica também que a grandeza sociológica da religião é que ela se estende além dela mesma e, assim, permite ao observador "ver" a sociedade maior, a estrutura social e cultural envolvente.

A religião, então, pode ser uma via de acesso para a compreensão da sociedade e de seus aspectos dominantes, na medida em que ela (a religião) é um subconjunto que pode ser entendido como uma síntese, um resumo, uma totalização do conjunto maior que é a sociedade.

Nesse caso, os eventos políticos de massa, o folclore, o carnaval, os grandes *shows* de música, os grandes eventos esportivos, especialmente o futebol, enquanto rituais de forte expressão coletiva e tradutores de uma cultura, podem ser vistos como equivalentes sociológicos da religião, devido à sua extensão e influência sociais.

Do mesmo modo, podem nos servir de exemplos daquilo que Durkheim apontou como os fatos sociais mais amplos e totalizadores de uma sociedade. Mais ainda, podem se transformar em objetos de investigação e de trabalho para uma sociologia que busca a renovação, a abertura para novas áreas e para os temas da "cultura popular", tão rica entre nós, porque ajudam a entender os fundamentos e os paradoxos da vida social.

Então, como efeito de tudo isso, basta substituir, nas considerações anteriores de Durkheim, "religião" por outro "fato social", mas não qualquer um, e sim um "fato social" também de largo alcance, fazendo os devidos ajustes, para demonstrar o seu valor e conexão com uma sociologia geral da sociedade e com uma sociologia particular, específica, como, por exemplo, a sociologia da educação física. Esse valor e essa conexão com a educação física ficam ainda mais evidentes quando as práticas desta estão mais diretamente envolvidas com as culturas do lugar.

A substituição pode ser por "futebol", por "carnaval", por "folclore" ou por outro grande evento da cultura e da identidade coletivas, como as brincadeiras e os jogos infantis. Pode ser musical, teatral, lúdico ou esportivo. Eventos de expressões corporais, de movimentos atléticos, de linguagens gestuais, mímicas, representações, sejam institucionalizados ou não.

Ou ainda de lutas, como a capoeira, o maculelê, a rasteira. De danças, como a folia-de-reis, a roda de samba, o samba de quintal, os cordões, as quadrilhas, as danças-de-jangada, o *rap*, o *hip-hop*, os ranchos, as escolas de samba, os blocos, o bumba-meu-boi, o boi-mamão, o jongo, o lundu, o frevo, a ciranda, as festas juninas. De grandes celebrações, como o Círio de Nazaré, a Paixão de Cristo, a lavagem das escadarias do Senhor do Bonfim, os desfiles e festejos afro-brasileiros no dia de Zumbi dos Palmares, e outros mais.

Todos esses fenômenos culturais são de largo alcance, e sua interpretação contribui para o entendimento da vida social em seu conjunto. São fatos sociais, sim, mas são fatos sociais totais, pela importância, pela grandeza, pela influência que exercem, pela capacidade que têm de ajudar a revelar, a traduzir relações significativas para a sociedade. Relações que revelam a vida social e fazem isto, inclusive, através de suas contradições.

O esporte, por exemplo, é um fato social que é total porque totaliza, engloba, isto é, consegue ajudar a explicar a sociedade onde está inserido, na medida em que contribui para tornar visíveis as ambiguidades desta mesma sociedade. Em outras palavras, mostra o que há de "positivo" e o que há de "negativo", e mostra também as tensões e as mediações existentes entre esses dois lados. Vamos concretizar melhor esse raciocínio?

Os esportes têm um lado de inclusão social inegável, mas também têm o seu lado de exclusão. Facilitam a ascensão social e a conquista de uma vida com dignidade, mas isto ocorre somente para uma minoria. Dão oportunidades sociais a quem não as tem, mas a exploração do trabalho infantil — como a profissionalização precoce, às vezes em regime semiescravista, e o abandono do atleta quando a "promessa" não acontece — é uma realidade frequente, ilegal, desumana e, muitas vezes, criminosa. Incentivam a socialização e a cidadania de crianças e adolescentes, mas as práticas violentas de assédio, perversão sexual e pedofilia não são tão incomuns assim.

Esses aspectos sombrios dos esportes, que na verdade constituem-se como práticas de violência, ilegais e criminosas, são situações que acontecem em todo o mundo e atualmente fazem parte das agendas de preocupação da Fifa, do COI, do Parlamento Europeu e da ONU.

E na perspectiva de analisar e tentar intervir nessas realidades, nesses dois lados, digamos assim, os conhecimentos da sociologia podem ajudar bastante. E insisto: tanto para ampliar e fundamentar as experiências do lado "positivo" como para auxiliar — juntamente com outros saberes científicos, outros órgãos e instituições — na criação de mecanismos de controle e superação dos acontecimentos do lado "negativo".

Então, para facilitar quem trabalha com esporte ou com algum desses exemplos de fenômenos culturais de largo alcance, em outras palavras, de "fato social total" (os citados ou outros), vamos localizar teórica e metodologicamente o conceito, seus sentidos e sua origem na história das ciências sociais, mais particularmente na sociologia e na antropologia. De forma breve, é claro, mas tentando oferecer ferramentas de interpretação e aplicação.

Marcel Mauss (1872-1950) trouxe, à luz da antropologia, o conceito de "fato social total" (talvez, sua contribuição mais importante) no *Ensaio sobre a dádiva*, publicado em 1925 numa coletânea intitulada *Sociologia e antropologia*, embora "a noção esteja presente em toda a sua obra", como escreveu Lévi-Strauss (1970:149).

E foi neste mesmo livro, *Sociologia e antropologia*, que o autor formulou algumas ideias e reflexões sobre o corpo, a gestualidade e a natação, o que soma numa sociologia da educação física. Ele constrói a categoria de "fato social total" fundamentalmente a partir dos trabalhos de Franz Boas sobre o *Potlatch*, de Malinowski sobre o *Kula*, e dos sistemas de festas do mundo indo-europeu. Mauss (1974) conceitua "fato social total como aqueles fenômenos complexos, pelos quais o conjunto das instituições se exprime e o todo social pode ser observado".

No entanto, não seria de todo equivocado acrescentar, como sugerimos antes, que essa categoria de "fato social total" tem sua origem latente em Durkheim, preceptor de Mauss. Embora um pouco difusa em Durkheim, já é uma sinalização metodológica que aponta para a necessidade de análises mais amplas e definições mais concretas, o que afinal foi feito por Marcel Mauss. Reitero que o conceito de "fato social total" é talvez uma de suas contribuições mais relevantes para a história das ciências sociais.

Sobrinho, discípulo e herdeiro intelectual de Durkheim, Mauss deu também alguns sinais pioneiros na direção de uma análise socioantropológica do fenômeno esportivo (visto como "fato social total"), quando voltou seu olhar para a natação.

Igualmente, deu alguns sinais pioneiros para a construção, entre os cientistas sociais, de uma "antropologia do corpo e da gestualidade" que estudasse as relações entre práticas corporais e cultura.

Mauss chegou a ler sobre natação e conseguiu perceber seu interesse histórico e etnográfico, quando sinalizou as mudanças técnicas dessa modalidade, no processo de transformação de sua própria geração.

Assim, entendeu as práticas esportivas como possíveis meios de acesso ao corpo — enquanto totalidade social concreta — e este como um objeto de estudo em busca de pesquisas e pesquisadores cujos trabalhos integrassem diferentes disciplinas científicas e ajudassem na compreensão de uma determinada cultura, de uma determinada sociedade.

Sugeriu que as investigações saídas daí, desse campo corporal e esportivo, seriam complexas porque o corpo, a gestualidade e suas linguagens (esportivas ou não esportivas) são formas densas de expressão simbólica. Exatamente por isso, as "técnicas do corpo" — como ele mesmo denominou essas produções culturais que nascem de um corpo que é social, polissêmico e multifatorial e que está sempre em movimento, em constante atividade — precisam passar por estudos transdisciplinares que articulem diversos saberes científicos, como a antropologia, a sociologia, a psicologia, a história, a semiologia, entre outras áreas do conhecimento.

E é transparente a importância desses estudos para a educação física, que em última instância trabalha com as produções simbólicas e o imaginário de um corpo em movimento, o qual está contextualizado histórica, social e culturalmente.

Capítulo 6

Uma sociologia clássica da oposição: Karl Marx (1818-83) e Friederich Engels (1820-95)

Marx e Engels inauguraram uma nova "escola" na ciência que nascia, a chamada sociologia crítica, oposição teórica e política ao capitalismo e à burguesia. Essa "escola" era assumidamente uma "escola científica e militante", comprometida ideologicamente com as lutas operárias e sindicais e com os movimentos populares daquelas conjunturas, naquele momento histórico.

Uma sociologia de ação política, de intervenção social. Uma sociologia da práxis, conceito que em última análise e didaticamente pode ser definido como a articulação entre teoria e prática. Marx chegou a postular para o pensamento em geral uma atitude política clara, militante, ao proclamar: "os filósofos não fizeram mais do que interpretar o mundo. Trata-se agora de transformá-lo".

A própria denominação geral de socialismo científico, dada por eles à teoria marxista (de Marx e de Engels, é bom não esquecer), indica a "posição política" e a "visão de mundo" de seus pensadores, de seus princípios filosóficos, conceitos teóricos e métodos.

Eram socialistas, sim, mas se opunham a outros socialistas, por eles chamados de utópicos, porque acreditavam que somente a revolução (mudanças radicais e profundas nas estruturas sociais), e não a "evolução das mentalidades", poderia construir um novo "modo de produção", uma nova sociedade.

E a comprovação desse princípio "real e concreto", de que só a revolução pode mudar a história — uma clara oposição às utopias —, estava, segundo as ponderações de Marx e Engels, demonstrado na "ciência da história" e suas áreas científicas afins, inclusive a sociologia, não qualquer sociologia, mas a sociologia crítica, marxista, socialista e militante.

Um ótimo exemplo, de acordo com eles, seria a própria história do capitalismo e de suas revoluções burguesas contra o feudalismo e a aristocracia feudal na Europa do século XVIII, especialmente na Inglaterra e na França, processo que se estendeu pelo século XIX, quando, vitoriosa, a sociedade capitalista consolidou suas estruturas sociais.

Ideologia e política

O engajamento ideológico e político de Marx e Engels, enquanto cidadãos militantes, e o engajamento de seus projetos e de suas teorias acabaram causando uma politização e uma ideologização de suas análises, interpretações e conclusões sociológicas. E isso teve consequências, como é evidente.

De um lado até foi bom, porque veio questionar e se contrapor àqueles estudos, do tipo "apolítico" e "sem ideologia", que se arvoravam "verdadeiramente científicos" por serem "objetivos". A tal "objetividade científica", de inspiração positivista. Um exemplo? Augusto Comte. Este pioneiro proclamava que a sua defesa do capitalismo não era uma decisão política ou ideológica, mas uma conclusão científica, objetiva, histórica.

Além disso, assumir abertamente uma "visão de mundo" e uma posição política diante dele contribuiu direta ou indiretamente para reforçar uma tradição que veio se consolidando ao longo do tempo. Essa tradição, que passa hoje por um momento especialmente rico, tem a ver com a valorização dos temas da chamada "cultura popular" e, por conseguinte, de alguns saberes da sociologia e de algumas de suas interfaces com outras áreas de conhecimento, como a educação física.

No longo prazo, reforçar essa tradição acabou auxiliando, por exemplo, a valorização e divulgação de certas "temáticas populares" que no fundo são práticas culturais que fazem parte também do campo de estudo e de trabalho da educação física, a saber: as brincadeiras infantis, os esportes (o futebol é o melhor exemplo), as danças e festas populares de raízes corporais (a ciranda, o carimbó, o maracatu, o samba, o frevo, o miudinho, o carnaval, o bumba-meu-boi), as lutas coreográficas, como a capoeira, o maculelê ou a dança-do-pau.

Além disso, tal posicionamento chamou a atenção para a qualidade sociológica dessas "temáticas populares" e para o seu alcance como metáforas e como fatores das identidades coletivas. Demonstrou, do mesmo modo, sua capacidade de denunciar realidades, como a segregação e os preconceitos — sociais, raciais, de gênero, de deficiências e outros —, e de inverter, mesmo que temporariamente, os códigos culturais dominantes — é a inversão do código vigente, formulada por Mikhail Bakthine (1974).

A propósito, e já que falamos em "identidades", é bom fazer logo um esclarecimento. Nas inúmeras investigações antropológicas e sociológicas que abordam o fenômeno plural da identidade há uma diferença conceitual a ser sempre recordada.

Trata-se da diferença entre "identidade" e "identificação". A primeira tem a ver com os aspectos mais densos, mais permanentes, mais definidores das situações e vincula-se ao "ser". As "identificações" são aquelas referências do "estar", mais imediatas, passageiras, fugazes, efêmeras mesmo e que por vezes até podem ajudar a esconder as "identidades".

É muito importante, para a análise e para a prática sociológicas, fazer diferença entre os fenômenos culturais que têm a ver com as identidades e aqueles que têm a ver com as identificações. Os primeiros são definidores de um contexto, são características centrais para o seu entendimento, ao passo que os outros não definem o contexto porque não são centrais, e sim laterais. São resultados de momentos mais ou menos passageiros. Concretamente é a diferença entre um modismo e uma constante estrutural. E isto, claro, faz mudar as escolhas, os objetivos e as estratégias.

Feito o esclarecimento, retornemos, então, ao nosso ponto de partida, no início desta seção. De um lado, uma certa politização/ideologização praticada pelo marxismo até foi positiva, como falamos acima, porque chamou a atenção e ajudou a valorizar os temas da chamada "cultura popular", geralmente pouco considerados ou até mesmo desconsiderados.

De outro lado, alguns dos seus resultados são discutíveis, porque muitas vezes os marxistas politizaram e ideologizaram demais, digamos assim, e com isso estreitaram e tornaram tendenciosas determinadas análises e conclusões, tais como: "futebol é o ópio do povo", "só vale a arte engajada", "o folclore, as lendas e as atividades lúdico-corporais são alienantes".

Em consequência, empobreceram ou deixaram escapar muitas possibilidades de trabalho sociopedagógico com a chamada "cultura popular", o que afinal de contas é uma contradição, um paradoxo, já que esses pensadores eram militantes engajados e supostamente "revolucionários".

Mais do que perdas de oportunidade por desconhecimento ou visão estreita, houve equívocos, incompreensões e preconceitos. Em resumo: reproduziram, em muitos casos, as exclusões e os estigmas que deveriam questionar e enfrentar. E deveriam questionar e enfrentar para serem coerentes com os princípios e as metas do marxismo.

As atividades docentes em escolas, principalmente as da rede pública e mais ainda aquelas da periferia dos centros urbanos, são bons exemplos daquilo que estamos falando. O trabalho institucional ali naqueles espaços culturais da periferia demonstra as possibilidades pedagógicas desses temas "populares", como a música, o esporte, a capoeira e a dança.

Os profissionais de educação física (não somente eles, claro) têm o que dizer a esse respeito. Há muitas experiências bem-sucedidas com essas manifestações culturais e que deveriam ser contabilizadas e divulgadas, discutidas e aprofundadas, a fim de que outros profissionais da educação pudessem tomá-las como referências para novas iniciativas.

O trabalho escolar e suas múltiplas faces são sempre campos muito férteis para se pensar os valores dominantes de uma realidade e para ajudar no processo mais geral de socialização, conscientização e cidadania. Esse processo mais geral é que é a grande "missão" da escola enquanto instituição social.

De modo geral, as aulas — de educação física, inclusive — podem ser consideradas metáforas de um contexto social maior. Em outras palavras, podemos considerá-las como linguagens, como representações culturais relevantes que ajudam a entender a sociedade onde se vive, suas raízes e fundamentos históricos.

Por isso, as aulas — concebidas aqui como sínteses da educação, que é um fator particular de algo mais amplo, parte específica de um todo, formado pela história, pela sociedade e pela cultura — podem ajudar no processo geral (e mais do que necessário e desejável) de reeducação, de ressocialização, de conhecimento, compreensão e assimilação das próprias identidades. Contribuem também para a tomada de consciência das contradições sociais e de algumas alternativas para minimizá-las ou, talvez, superá-las, pelo menos em certos casos.

Esta é uma das diferenças essenciais entre "ser professor" e "ser educador". Aquele transmite conhecimentos; este estimula reflexões e valores, através da transmissão de conhecimentos. E isto é importante? Parece que sim, pelo seguinte: se nenhuma sociedade pode se transformar somente pela educação, nenhuma sociedade se transformará profundamente sem a educação.

Conceitos marxistas: uma pequena seleção

Vamos ver, agora, alguns conceitos fundamentais da teoria social e do pensamento político marxistas (de Marx e de Engels) que podem ser úteis para o que pretendemos com este livro. A escolha desses conceitos levou em consideração o caráter didático do presente trabalho, já que eles poderão nos interessar mais de perto, dada a perspectiva de sua aproximação com a educação física e com suas áreas circunvizinhas. Vamos lá.

Infraestrutura e *superestrutura* são conceitos nucleares da sociologia de Marx e Engels. Para eles o objeto de estudo da sociologia é a análise científica da estrutura social, formada pela economia, pela política e pela ideologia.

As estruturas sociais podem ser subdivididas em infraestrutura (economia) e superestrutura (política e ideologia), que interagem numa rede dialética de correlações de força e poder, de relações recíprocas, globais, dinâmicas e contraditórias.

O método filosófico deles é a *dialética*, isto é, um enfoque global, dinâmico e contraditório, que se aplica a todas as coisas e que prevê o antagonismo, o conflito, a perecibilidade e a superação, como possibilidades e como necessidades.

O princípio filosófico é o *materialismo*, quer dizer, a matéria é a origem última de todas as coisas, o que exclui a ideia de Deus e da "criação". Este, sim, o sentido filosófico de materialismo, diferente de seu sentido "vulgar", que está associado à preferência por coisas materiais, por dinheiro, em última instância.

Vai daí que a teoria de Karl Marx e de Friederich Engels pode ser chamada também (e isso efetivamente acontece) de materialismo dialético, quando aplicada aos fenômenos da natureza, e de materialismo histórico, quando aplicada às formações históricas e sociais. E que fique bem claro: essas denominações estão de acordo com o pensamento de ambos, desde o início, desde seus textos inaugurais.

No que diz respeito às relações sociais, aquelas relações econômicas, políticas e ideológicas que constituem as sociedades, a *infraestrutura*, para o marxismo, é a sua base. A "base material", a base econômica das sociedades, as suas relações de produção essenciais, que, em última instância (somente em última instância), condicionam a lógica, o sentido e o funcionamento de toda a estrutura social. E o fazem dialeticamente. Isto quer dizer que procuram operar as relações sem determinismos, sem mecanicismos, sem economicismos.

Por isso dissemos que condicionam. Condicionam, influenciam, mas não determinam implacavelmente. As relações são articuladas, contraditórias, agem e reagem reciprocamente e em todas as direções. São complexas vias de mão dupla. Múltiplas redes de relação que admitem o acontecimento particular, o fenômeno imprevisível, o fato incalculável, a questão local, a possibilidade da exceção, a dimensão da subjetividade.

Eis aqui, nesse conjunto integrado de aspectos teóricos e metodológicos, uma diferença decisiva entre o marxismo e o determinismo econômico. Uma diferença de fundo, uma diferença epistemológica, ou seja, dos fundamentos filosóficos da teoria científica. Uma diferença que influencia as escolhas, os processos, os métodos e as técnicas de pesquisa. E, como efeito, influencia também os objetivos concretos e os próprios sentidos da investigação.

Marx e Engels prezavam a dialética como uma das colunas de seu pensamento e por isso criticavam duramente o determinismo, todos os determinismos, inclusive o econômico, embora muitas interpretações de muitos marxistas sejam, inegavelmente, deterministas e economicistas.

Marx, ao final de sua vida, preocupado com o avanço dessas tendências deterministas e economicistas, e reagindo a elas com fina ironia, teria dito algo equivalente a isto: se o que andam dizendo por aí é marxismo, eu não sou marxista.

Já a *superestrutura* é formada por dois subconjuntos: a estrutura (superestrutura, bem entendido) jurídico-política, que reúne as leis e as formas de produção e distribuição do poder de uma determinada realidade, e a ideológica, que integra as "visões de mundo", as representações, os valores, as ideias, as maneiras de pensar e agir dominantes de um contexto social num dado momento histórico.

Mas as leis, os poderes e as ideologias não são unos, únicos, unitários, monolíticos. Ao contrário, são múltiplos, plurais, diferenciados, contraditórios e até antagônicos, e se manifestam de acordo com os interesses e os propósitos dos diversos grupos, segmentos e classes sociais.

Atenção, porque aquilo que acabamos de ouvir é importante, na medida em que inclui não somente as dimensões da "objetividade", mas também as dimensões da "subjetividade", dos sujeitos, dos agentes sociais.

"Objetividade e subjetividade", assim mesmo, entre aspas, porque, de acordo com a dialética, elas não são dicotômicas, totalmente separadas, mas uma sempre contém algo da outra, cada uma pressupõe fatores componentes da outra.

Qual é o resumo de tudo? É que *infraestrutura* e *superestrutura* se influenciam sempre, recíproca e mutuamente, dialeticamente. E essa dinâmica dialética ocorre também dentro de cada uma dessas grandes estruturas, infra e superestrutura, e não só entre elas. É um movimento inter e intraestrutural. Este é um princípio teórico nuclear para Marx e Engels.

Não compreendê-lo em sua extensão e profundidade é deixar escapar uma das categorias mais originais e fecundas do marxismo — a dialética — e, por via de consequência, correr o risco de empobrecer os seus estudos e análises, com prejuízos evidentes e inegáveis, tanto para o desenvolvimento da teoria quanto para as suas possibilidades de aplicação prática. É assim, exatamente assim, que está consagrado nos textos clássicos e fundadores do socialismo científico. Se não, vejamos:

> Na produção social de suas vidas, os homens estabelecem certas relações independentes de sua vontade, necessárias (...). A totalidade de tais rela-

> ções forma a estrutura econômica da sociedade, a base real sobre a qual se eleva uma superestrutura jurídica e política e à qual correspondem formas sociais determinadas de consciência, valores e representações (...).
>
> (...) o desenvolvimento das formas políticas, jurídicas, filosóficas, religiosas, literárias, artísticas, culturais e mesmo os reflexos de todas essas formas no cérebro dos participantes, como sistemas de representação, repousam sobre o desenvolvimento econômico. No entanto, agem todos uns sobre os outros: as formas entre si e elas sobre a base econômica.

A citação anterior é de Engels, em carta endereçada a Heinz Starkenburg, datada de 26 de janeiro de 1894, e faz parte de sua aguda preocupação quanto aos equívocos de uma leitura determinista e economicista do materialismo histórico. Marx compartilha desse entendimento quando afirma, por um lado, a influência central do econômico e, por outro, declara a autonomia (relativa) das superestruturas e das suas especificidades.

Esta é a dialética estrutural, a que já nos referimos. De acordo com o marxismo, ela é a referência e a base para a compreensão sociológica das culturas, das ideologias, das linguagens sociais, dos sistemas coletivos de comunicação, representação e simbologia. Poder-se-ia acrescentar, então, sem maiores problemas: das atividades e expressões corporais, dos jogos e dos esportes.

"Não é a consciência do homem que determina sua existência, mas sua existência social que determina sua consciência". Nesse princípio teórico da *Contribuição à crítica da economia política*, formulado originalmente em seus apontamentos econômicos de 1857/58, Karl Marx analisa a dialética das relações (sempre complexas e mediadas) entre as formas de pensamento, de representação, de cultura e educação, com a realidade social concreta.

Podemos afirmar, seguindo o marxismo, que todo produto cultural faz parte de um sistema simbólico e, por este motivo, em última análise é uma expressão direta ou indireta das referências ideológicas que integram o *ethos* do lugar.

O *ethos* é o perfil cultural, o conjunto das identidades que representam uma vida social e que atuam como metáforas, como imagens-resumo, como sínteses das principais características que ajudam a revelar uma determinada situação.

A teoria da ideologia, parte fundamental do materialismo histórico, teve as suas formulações básicas estabelecidas por Marx e Engels no livro *A ideologia alemã*, de 1845, escrito por ambos. Abaixo, o conceito de *ideologia*, o qual é uma importante ferramenta teórica para todos que trabalham com educação, sistemática e assistemática, com atividades artísticas e lúdicas, com lazer, criatividade e modalidades de expressão cultural. À definição, como convém!

> Todos os homens, no processo de suas vidas, assimilam determinadas formas de representação da realidade, determinados modos de encarar o mundo, maneiras de pensar e agir e, com base nisso, elaboram suas escalas de valores (...). O conjunto dessas formas de representação da realidade e dessas normas incorporadas ao comportamento prático dos indivíduos é o que chamamos ideologia.
>
> (...) o homem é um ser social (...). Os homens fazem sua própria história, mas não a fazem arbitrariamente, em condições escolhidas por eles, mas em condições diretamente dadas e herdadas do passado. (...) Após a satisfação das necessidades pelo trabalho e a criação de novas necessidades, o terceiro elemento característico da história humana é a instituição de relações sociais entre os homens.

E é no interior dessas "relações sociais entre os homens" que se manifestam os eventos da cultura, da educação, das artes, das leis, dos corpos em movimento, dos esportes, dos jogos, das linguagens, da recreação e do entretenimento, daquilo que, em última instância, faz parte dos trabalhos do profissional da educação física, seja na escola, seja fora dela.

A contribuição da sociologia marxista para a pesquisa e a intervenção profissional na dinâmica, no desenvolvimento e na criação cultural está, entre outras, na seguinte concepção: embora toda manifestação cultural e educacional, artística ou esportiva esteja mesmo que indiretamente situada na superestrutura ideológica, há uma autonomia relativa entre os diferentes níveis do social. Uma certa independência que faz com que os fenômenos sociais não sejam tão previsíveis e tão controláveis como às vezes determinadas teorias parecem sugerir.

E um bom exemplo dessa autonomia relativa é o que Marx diz, na *Contribuição à crítica da economia política*: "A dificuldade não está em compreender que a arte e a épica gregas se achem ligadas a certas formas do desenvolvimento social, e sim no fato de que elas possam, ainda hoje, proporcionar-nos um deleite estético, sendo consideradas, em certos casos, como norma e modelo insuperáveis".

Exemplos históricos: introdução

Então, atenção para o que vem a seguir. São dois exemplos históricos de contextos clássicos, um da Antiguidade ocidental, o outro da Europa da idade moderna. E ambos podem ser considerados casos exemplares, referenciais, para esta última citação de Karl Marx, mesmo agora, em nossa época contemporânea.

O primeiro tem a ver com uma lição, digamos, ética que o esporte (no caso, o futebol) proporciona ou tem chances de proporcionar. Está relacionado à transmissão de valores tidos como fundamentais, valores que fazem parte das práticas esportivas, que estão entranhados nelas, ainda hoje. O segundo, com as interações entre cultura, arte e esporte, relações da maior atualidade para a sociologia, para a educação física e para a intercessão entre as duas.

Nos dois exemplos, o elo é com as dimensões sociais que o esporte pode alcançar. Quer dizer, então, que as práticas esportivas podem e devem buscar finalidades socioculturais para além das finalidades propriamente desportivas? Exatamente!

E essa "consciência crítica", claro, deveria também fazer parte da formação e da atuação dos profissionais da educação física, tanto nos espaços da escola quanto em outros lugares fora dela. Nessa perspectiva, que tem a ver com a ética, a sociologia tem alguma contribuição a oferecer à educação física e a seus profissionais. Com certeza.

Na educação física escolar e/ou comunitária, por sua possível participação num processo mais amplo de ressocialização, de inclusão social, de prevenção do envolvimento com as drogas e com a violência, principalmente das camadas "jovens" da população. Jovens, de acordo com os critérios da ONU, são aqueles que estão entre os 14 e os 25 anos. Esse é um ponto relevante para o recorte de diversas pesquisas.

É quase desnecessário dizer, porque é conhecido, que esse tipo de experiência já está em curso em todos os cantos do mundo, e que seus resultados são positivos, como elementos de reeducação, de paz e de desenvolvimento humano.[10] Resultados positivos são resultados positivos; não são panaceia (solução para tudo) ou redenção.

No caso do esporte de alto rendimento, tendo em vista o seu impacto cultural coletivo e a idolatria daí derivada, são boas as suas chances de participar de um processo social mais amplo em busca de novos valores, de novos hábitos, de uma nova consciência social, enfim.

Sem esperar demais, claro, devido aos limites da atividade esportiva, mas pensando que existe alguma chance de contribuir, sim, por causa da força, da influência e mesmo da liderança social que os atletas podem ter, no mínimo, como "bons exemplos", principalmente para a infância e a juventude.

Essa ideia do exemplo como pedagogia tem lastro na história da educação e vem lá da velha China. Foi o filósofo Confúcio (551-479 a.C.) que nos deixou uma herança pedagógica e ética, atualíssima lição, de grande sabedoria teórica e grande aplicação prática, a saber: o exemplo, para o bem ou para o mal, é um elemento de forte influência, basicamente para os mais jovens.

[10] Esse diagnóstico favorável é da ONU, do Conselho da Comunidade Europeia, do COI e da Fifa. Para maior conhecimento dessas experiências bem-sucedidas, há uma listagem que pode ser encontrada em Murad (2007), onde os experimentos estão inseridos na fundamentação teórico-metodológica do modelo de tese de doutorado desenvolvido pelo autor, sob a orientação do professor catedrático Rui Garcia, do Gabinete de Sociologia do Desporto da Fade/UP e coorientação da professora catedrática do Inef de La Coruña, Maria Jose Mosquera. Modelo inédito àquela altura, investigou as práticas de violência na história da humanidade e os seus possíveis contrapontos artísticos e desportivos. Além disso, fez um levantamento dos estudos da violência em geral, produzidos pela mitologia, pela filosofia, pelas ciências e artes, desde o antigo Oriente até os dias de hoje, a fim de contextualizar a problemática da violência no universo do futebol.

Uma lição que pode ser vista no cotidiano da sociedade, em diversas situações, e que tem por base a filosofia confucionista, criada entre os séculos V e VI a.C. Em outras palavras, é a *ethocracia* pregada por Confúcio, o governo que tem por base a moral e o exemplo dos dirigentes, o bom exemplo, este paradigma pedagógico de larga potência.

Filósofo, sábio e preceptor de tantas gerações, Confúcio juntamente com Lao Tsé (século V a.C., já que não se tem certeza dos anos certos) são as duas colaborações mais notáveis da antiga China à história da filosofia.

> A popular e moralmente vigorosa tábua axiológica do confucionismo foi uma barreira intransponível para os europeus; ferramental eficaz de resistência ao processo de dominação do Ocidente pré-capitalista, que foi inevitável em tantas outras realidades próximas.[11]

As diversas modalidades esportivas, especialmente aquelas de maior ressonância simbólica e representação popular, como o futebol, têm uma potencialidade pedagógica ainda muito pouco entendida e explorada.

Do meu ponto de vista, essa realidade melhorou bastante nos últimos tempos, do início dos anos de 1990 para cá. Mas ainda pode e deve melhorar bem mais com novos e permanentes estudos, pesquisas e trabalhos de intervenção concreta, com o aumento da massa crítica, pela incorporação de novos contingentes de pensadores, pesquisadores, escritores e professores.

A transdisciplinaridade entre diferentes conhecimentos de áreas distintas do saber é um dos aspectos necessários (assim tem sido) para ampliar e aprofundar os contatos dentro da comunidade científica, os contatos desta com a comunidade em geral, e assim consolidar perspectivas e resultados. Nesse ponto, os diálogos entre a sociologia (e outras ciências sociais) com a educação física se fazem mais do que oportunos, inadiáveis. Diálogos consistentes, permanentes, reiterando muito do que já existe e inovando outro tanto, que ainda pede passagem.

[11] Jaguaribe, 2001:301.

Os dois exemplos históricos

Vamos retomar os exemplos referidos antes. Eis o primeiro. A poesia épica grega do período clássico soube perceber e destacou o valor ético dos esportes, deixando como herança uma importante lição ainda hoje reconhecida como fundamental. Na *Odisseia* de Homero, seu poema épico, modelo para toda a história da literatura, juntamente com a *Ilíada*, as raízes ancestrais e éticas do futebol estão presentes, em especial no canto VIII.

Neste se dá o relato do banquete oferecido a Ulisses, no palácio real dos Feácios, onde jovens atletas jogam futebol com elegância e civilidade. O narrador chama a atenção para o impacto que aquela modalidade esportiva provocou em Ulisses, para além do jogo em si, quando diz: "admiram-se todos no campo dos jogos (...) alegrou-se o divino Odisseu (...) ao perceber que nos jogos alguém sempre se encontra ao seu lado".

A vida social é uma espécie de "segunda natureza", mas com uma diferença central, que define as coisas da história e da sociedade. É que nestas os acontecimentos são mediados pela interdependência das relações sociais, com suas normas, regras, leis, contratos, interesses, diferenças, poderes, ambivalências. Assim, "viver é conviver", como disse o nosso "poeta maior" Carlos Drummond de Andrade (1902-1987), poeticamente, e não só pela cooperação, mas também pela competição, pela contradição e até pelo conflito.

Os fenômenos da história e da sociedade, qualquer que seja a época, são em grande parte construídos pelos agentes sociais (as pessoas, em processo de interação social, cultural, simbólica), que podem agir e reagir, aceitar e combater, manter e mudar, ganhar e perder. O futebol permite a emergência dessa ética, o experimento dessa pedagogia complexa e humana, e é isto que Homero ressalta, porque na vida social faz-se necessário ("naturalmente") ver o outro, considerar o outro, em qualquer sentido existencial, porque isso é assim mesmo, ou seja, é da sua "natureza".

O segundo exemplo tem a ver com a origem histórica da ópera, que é de fins do século XVI e início do XVII, na Itália (Florença) da idade moderna, gênero que se mantém ainda hoje, enquanto estilo de erudição na arte e forma singular de dramaturgia. A ópera é considerada por muitos estudiosos como uma espécie de modelo, de paradigma de arte musical e de arte cênica. Modelo de artes universais, portanto, devido à sua polifonia e polissemia.

A ópera nasceu da tentativa de reprodução da tragédia clássica grega, esta mãe milenar do teatro e de outras formas de representação. E seu valor sociológico é grande, porque todas as culturas têm alguma forma de representação dramática, teatral e não teatral, que é marcante para aquela sociedade e para a compreensão de suas identidades.

Quer seja uma celebração "sagrada" ou não, uma cerimônia ritual, que pode ser guerreira, religiosa, fetichista, telúrica, secular, laboral, lúdica ou esportiva, mas sempre envolvendo a coletividade do lugar e ajudando a revelar o seu perfil cultural, o seu *ethos*.

Para a sociologia, representações e simbologias estão sempre vinculadas e auxiliam na compreensão das estruturas sociais. Por isso a ópera e a tragédia nos servem de exemplos, na medida em que são influências culturais poderosas, que ultrapassaram e muito as suas épocas de emergência. Ainda hoje constituem-se como representações e simbologias.

As tragédias, de início, eram modos de representação típicos da *ágora*, a praça pública, o local da feira, das aulas de filosofia, dos embates políticos e das instruções olímpicas. Enfim, simbolizava o lugar principal da vida urbana, da vida na *polis*, a cidade-Estado grega, que foi a base da unidade política e administrativa do país e de sua civilização clássica. Isso elevou o teatro grego, a tragédia bem mais do que a comédia, ao patamar de expressão viva das relações sociais ali dominantes, de metáfora daquela sociedade.

O teatro clássico grego e a ópera italiana moderna, nele inspirada, também foram (e são na atualidade) lugar de desenvolvimento das artes educativas, das linguagens corporais e de seus exercícios físicos correspondentes. A preparação física de atores e atrizes é importante para a boa encenação teatral, desde a tragédia até hoje, passando pela ópera e por outros estilos de arte cênica e musical.

E não somente das representações cênicas e musicais "eruditas", mas das "populares" também, que no fundo assimilaram muito de ópera e de tragédia. Por exemplo, os *shows* de música *pop*, os trios elétricos, a "paixão de Cristo", nos Arcos da Lapa ou em Nova Jerusalém, o circo, o carnaval, o futebol, o balé, as danças, as coreografias e outras formas de expressão artísticas.

Curioso, além de complementar e agregador de mais um sentido relacionado a este livro, é que essas artes exigem sempre um bom preparo físico e, muitas vezes, um condicionamento de atleta mesmo, de praticantes de determinadas modalidades do esporte de alto rendimento, que trabalham sobremaneira o corpo e suas possibilidades de movimento e linguagem.

Vejam só o caso do recrutamento e da seleção de atletas e ex-atletas para o Cirque du Soleil, o Stomp, a Companhia Débora Colker e o Grupo Corpo, entre outros destaques na dança, na coreografia, no sapateado e no balé, do Brasil e do exterior. E é evidente que a junção de arte, linguagens corporais e exercícios físicos tem tudo a ver com a educação física, porque estes são elementos constitutivos de suas reflexões e práticas.

Alguns marxistas e o futebol

Inúmeras práticas da área da educação física podem ser estudadas a partir da sociologia marxista, e de fato já o foram, em particular os esportes, sobretudo o futebol, por ser a mais popular das modalidades, a que mais mobiliza as multidões. As reflexões marxistas sobre o futebol alcançaram o seu auge, por assim dizer, em fins da década de 1960 e no correr da década seguinte, na França e no âmbito de uma sociologia política dos fenômenos da "cultura popular".

Apesar do reconhecido valor teórico e metodológico da obra de Marx e de Engels, em muitos autores dessa "escola" que pesquisaram o futebol (mais o futebol do que qualquer outra modalidade) predominou uma certa tradição mecanicista, determinista e reducionista, o que acabou empobrecendo tanto a teoria que lhes serviu de apoio quanto os resultados e os efeitos de seus trabalhos de investigação.

Tais trabalhos abordaram com maior frequência as questões relacionadas ao "uso político" do futebol pela "classe dominante", com a finalidade de "alienação das massas". De acordo com o marxismo, alienado é o oposto de consciente. O conceito de alienação é um dos principais para Marx e Engels, mais ainda para o campo da sociologia política, embora não privativo desse âmbito.

Esses enfoques já são encontrados desde o início do século XX; não foram os únicos, mas foram dominantes. Mas também foram questionados, desde então, por outros marxistas igualmente interessados nos esportes e preocupados em contestar essa "visão mecanicista" que abre mão da dialética, tão valorizada por Marx e Engels. E para eles tão imprescindível.

Alguns estudiosos contemporâneos do fenômeno esportivo sob influência marxista, como Jean-Marie Brohm e Pierre Laguillaumie, mantiveram a tendência hegemônica, que predominou no início do século XX, apesar das grandes mudanças desde então ocorridas na formatação social, política e cultural do futebol. Podemos dizer que, entre essas grandes mudanças, a mais significativa foi a conquista do futebol pelas "camadas populares" e a sua transformação em representação coletiva, em elemento da identidade e da "cultura *da* massa" e não somente *de* massa.

Todavia, há uma literatura razoavelmente grande sobre os esportes em geral, mais ainda sobre o futebol, que se propõe aprofundar e agregar novos aspectos nessa perspectiva do "futebol como ópio do povo", do "futebol como instrumento de alienação", no contexto das sociedades industriais, urbanas e de massas. Em geral esses estudos estão fundamentados no marxismo ou em parte dele. Alguns exemplos: *Futebol: ideologia do poder*, de Roberto Ramos (1984), *Futebol, dramatização da luta de classes*, de Renato Pompeu (1986), *El fútbol como ideologia*, de Gerard Vinnai (1986), *Torcidas organizadas de futebol: violência e auto-afirmação*, de Carlos Alberto Pimenta (1997).

Insistimos que, apesar das diferenças por causa do contexto político e das perspectivas ideológicas da época, a situação que prevaleceu no início do século XX basicamente prevaleceu também no período 1960-70 (mais acentuadamente) e mesmo depois. O que estamos querendo dizer é que, no caso dos esportes, alguns pensadores marxistas mantiveram quase a mesma argumentação, passadas tantas décadas e tantas transformações. Estamos falando mais diretamente em relação aos estudos marxistas do futebol porque este foi um dos temas mais abordados.

Historicamente, o momento em que isso acontece de forma mais acentuada (final da década de 1960 e início da seguinte) foi marcado por rebeliões que se espalharam por diversos pontos do mundo (Europa, Estados Unidos, Japão, Brasil), a partir dos movimentos estudantis, sindicais, culturais e mesmo acadêmicos de "maio de 68", em Paris. Essa conjuntura influenciou o comportamento de toda uma geração no que diz respeito à música, ao cinema, à moda, ao sexo, às drogas, à literatura, à política, ao poder.

Quase tudo era questionado politicamente, através das ideologias anarquista e marxista. O futebol, como diversos outros fatores da cultura, não escapou dessa politização, digamos, excessiva, e por isso muitas de suas análises tenderam para interpretações mecanicistas, deterministas, reducionistas, apressadas mesmo. Sem a necessária complexidade, que é uma exigência do pensamento científico, essas interpretações não conseguiram superar, muitas vezes, os limites de um tratamento simplista e, assim, perderam em conteúdo e consistência.

Em razão disso, penso, incorreram em certos equívocos, reproduzindo, pelo menos em parte, o *zeitgeist* ("espírito de época") do início do século XX. A chamada escola de Frankfurt,[12] que em alguns casos tentou aproximar os pensamentos de Marx e Freud, também chegou ao reducionismo da "tese do 'pão e circo' (a qual) é enraizada em um desdém intelectualista por esportes",[13] como a hostilidade exagerada de Theodor Adorno diante do papel ideológico dos eventos desportivos. Nesse caso, a obra de Adorno é o trabalho *Tempo livre*. Já Herbert Marcuse, embora também da tradição frankfurtiana, foi diferente. O melhor exemplo, creio, é o seu livro *A ideologia da sociedade industrial*.

Richard Giulianotti situa a origem histórica de tal enquadramento, cujos primórdios encontram-se em Juvenal, o autor das célebres sátiras ro-

[12] Importante grupo de pensadores (filósofos e sociólogos, em geral) que se reuniu, pesquisou e publicou, a partir da criação, em 1924, do Instituto de Pesquisa Social, da Universidade de Frankfurt, na Alemanha. Estudaram a mídia, o rádio, o cinema, o consumo, a cultura de massa e foram responsáveis pela difusão de conceitos muito utilizados pelas ciências sociais e relevantes para as temáticas do presente livro, como, por exemplo, "indústria cultural" e "cultura de massas". Principais nomes: Adorno (1903-69), Horkheimer (1895-1973), Walter Benjamin (1892-1940), Marcuse (1898-1979), Habermas (1929). Para aprofundamento, ver Freitag (1994) e Bracht (1997).

[13] Giulianotti, 2002:33.

manas: "foi quem primeiro desenvolveu a tese de que oligarquias políticas podiam ser sustentadas, fornecendo pão e circo (*panis et circensis*) para as massas. Desde então, frequentemente é sugerido que uma influência maquiavélica está por trás da popularização dos esportes".[14]

Sem dúvida, o uso político dos eventos de massa é uma realidade, e esse importante assunto será tratado especificamente mais adiante. O uso político e a manipulação ideológica dos eventos de massa em geral, é bom que se diga, e não só dos esportivos. Historicamente, isso pode ocorrer e já ocorreu, de fato, como veremos depois. Merece, portanto, ser observado, analisado, acompanhado. Todavia, isso não é tudo, nem esgota a questão, a qual não é "culpa do futebol em si", mas do uso político que se tenta fazer dele. Além disso, há outras relações e interferências políticas no universo dos esportes, relações de resistência, de denúncia e até de mudanças na realidade.

Outros temas para o marxismo

Há uma série de objetos de estudo relacionados aos esportes que estão à espera de uma interpretação sociológica, e esta pode ser marxista, efetivamente. Pode ser e já existem algumas tentativas nesse sentido. E por que marxista? Devido à "natureza" política e ao envolvimento ideológico desses fenômenos, o que os torna mais próximos e mais adequados às teorias de Marx e Engels. Alguns exemplos? Sim, vamos a eles. Exemplos ligeiros, claro.

A dialética da criação cultural e de sua dinâmica, onde pode ser situado o esporte; a apropriação e reinvenção popular do futebol (e não só no caso brasileiro), esporte que era elitista e racista; a excessiva mercantilização ("fetiche da mercadoria") do profissionalismo; a imposição do marketing, a globalização, as relações entre as classes sociais, a manipulação de dirigentes e empresários, as relações autoritárias e os contratos draconianos, a instabilidade trabalhista, a concentração salarial, o sindicalismo incipiente, a inclusão social, racial, de gênero, a politização (embora relativa)

[14] Giulianotti, 2002:32.

de diversos segmentos das torcidas organizadas, a repressão policial, a elitização dos estádios.

Todos esses fenômenos sociais podem ser pesquisados a partir das conceituações marxistas de infra e superestrutura (*Contribuição à crítica da economia política*, 1859), de ideologia (*A ideologia alemã*, 1845), de mercadoria (*O capital*, 1867, livro 1, vol. I) e de classe social (*O capital*, 1894, livro 3, vol. VI, publicado por Engels).

Mas reitero o que já foi dito, para que não reste sombra de dúvida: que esses eventuais estudos não joguem para escanteio a complexidade, o aprofundamento, a mediação, a reflexão consistente e densa; e que evitem os cartões vermelhos da pressa, da simplificação, do determinismo mecanicista e reducionista. Numa palavra: a dialética, tão fundamental ao pensamento de Marx e Engels, não pode ficar no banco de reservas.

Capítulo 7

Uma outra sociologia clássica: Max Weber (1864-1920)

É possível que Weber tenha se inspirado na proposta formulada por Nietzsche (1844-1900) para a sociologia, segundo a qual essa ciência, já mesmo em seu nascedouro, deveria ser substituída por uma "teoria das estruturas de dominação". Isto teria ocorrido, possivelmente, quando Weber tentou redefinir o seu papel teórico, encaminhando a sociologia para o campo de uma teoria do poder e das formas de dominação historicamente encontradas.

Para ele — e não só para ele —, Friederich Nietzsche e Karl Marx eram os gigantes referenciais do pensamento da época. Ambos influenciaram Weber, cada um a seu jeito, cada qual a seu modo. No início da carreira, Max Weber foi mais influenciado por Marx, e, depois, por Nietzsche. Os dois exerceram certa influência, já que Weber foi mesmo... weberiano. Exemplificam bem essa transição os estudos realizados por ele em torno do poder, e não somente do macropoder, mas também dos micropoderes.

Talvez essa proposição de pensar sociologicamente o poder seja uma das contribuições mais fecundas da obra deixada por Max Weber. E que merece ser mais explorada. Pensar o poder — os poderes, assim mesmo no plural — em sua totalidade, em sua complexidade, buscando inclusive alcançar a lógica e os sentidos, não só dos grandes poderes econômico e político, mas igualmente dos pequenos poderes, pequenos aparentemente, maneira de dizer, é bom que se esclareça.

Sim, é isso mesmo. Aqueles poderes da vida cotidiana, concreta, inegáveis. Poderes emergentes de relações sociais vivas, sentidas no dia a dia das pessoas, dos grupos e dos segmentos sociais. Poderes exercidos nos relacionamentos etários, de gênero, nas instituições, como a família, a religião, a escola. Poderes múltiplos e diversificados, que entranham as relações humanas, influenciam suas práticas e que, por isso, não podem ser deprezados.

O poder do síndico, do porteiro do edifício, do guarda de trânsito, do professor, do irmão mais velho, do namorado, do marido, do burocrata. Weber chegou a se referir à "ditadura do funcionário", para exemplificar o que eram a burocracia e as redes de poder daí resultantes, no capitalismo e no socialismo. A psicologia social costuma chamar esses "pequenos poderes", mas que incomodam mesmo quando pequenos, de "síndrome do sargento" — interessante e estimuladora classificação, a meu ver.

Anarquismo: um pequeno esclarecimento

Essa temática da multiplicidade social do poder foi e é também muito relevante, inclusive, para o pensamento anarquista, desde suas origens, na Europa do século XIX, a partir de Proudhon (1809-65), considerado o pai do anarquismo. Outros nomes de proa dessa corrente de pensamento: Bakunin (1814-70), Kropotkin (1842-1921) e o escritor russo, autor de *Guerra e paz*, Leon Tolstoi (1828-1910).

"Nem Deus, nem senhor", eis um dos lemas mais representativos do anarquismo, filosoficamente. Aponta para um de seus princípios primordiais, tanto de compreensão científica das realidades humanas e sociais quanto de combate, de luta, de militância política. "Nem Deus, nem senhor", em verdade, é um "não", uma negativa às dominações do "céu" e da "terra".

E o que esse princípio está dizendo ou sugerindo é exatamente que o poder é a maior causa dos problemas sociais, das questões humanas. Qualquer que seja o problema, socialmente observável ou humanamente percebido, é possível enxergar nele uma determinada estrutura de poder, de dominação e de opressão, sempre se manifestando, sempre influenciando os acontecimentos.

Depois dessas considerações preliminares sobre o anarquismo, é legítimo dizer que se pode esperar que uma das confusões aí encontradas esteja pelo menos parcialmente resolvida. Esta é a confusão vista com razoável frequência entre anarquismo, enquanto filosofia, com o significado "vulgar" da palavra anarquismo, como sinônimo de "bagunça", de desorganização, de anomia, ou seja, ausência de regras.

O anarquismo que nos interessa mesmo, teoricamente e historicamente, é uma "escola" filosófica, uma corrente de pensamento que projetou suas reflexões para a sociologia, para a antropologia, para a economia e para a ciência política, isto é, para as ciências sociais básicas, entre outras áreas do conhecimento científico, como a psicanálise e a linguística, que acolheram e desenvolveram algumas de suas contribuições.[15]

Conceitos de Weber: uma pequena seleção

Como é evidente, muitas dessas ideias são, em Weber, apenas sugestões, sinais, difusos às vezes, mas que podem e devem ser reavaliados por seus biógrafos, admiradores e por todos os estudiosos da sociologia. Há aqui um terreno fértil, vasto e original, ainda, por ser desbravado, à espera de novas "expedições exploradoras", de novas leituras, de novos pesquisadores.

Em *Economia e sociedade*, publicação póstuma datada de 1922 (começou a escrever em 1909), Max Weber apresenta a tipologia da dominação (*herrschaft*), por ele construída a partir da sua teoria dos tipos ideais (ou *idealtipos*, cujo ponto de partida é a noção de *urtypus*, tipo primordial, em Goethe), instrumental técnico de seu método compreensivo. Este é o resultado da fusão do método tipológico com o método histórico. Todos — evidentemente e só para ressaltar — segundo sua tábua de conceitos. Weber (1978:269) estabeleceu que:

[15] Para aprofundamento, inclusive do anarquismo no Brasil, ver Deminicis e Reis (2006).

> existem três tipos puros de dominação: 1) de caráter racional, que repousa sobre a crença na legalidade de ordenações instituídas (...) de autoridade legal; 2) de caráter tradicional, que repousa sobre a crença cotidiana na santidade das tradições (...) de autoridade tradicional e 3) de caráter carismático, que repousa sobre a entrega extracotidiana à santidade, ao heroísmo ou à exemplaridade de uma pessoa e às ordenações por ela criadas ou reveladas (...) de autoridade carismática.

Fica mais ou menos evidente a possibilidade de aplicação dessa tipologia de Weber nos estudos sobre o fenômeno da liderança. Das diferentes lideranças (instituídas ou naturais) que se fazem tão presentes (para o "bem" ou para o "mal"), por exemplo, no universo da chamada "cultura popular". Como no carnaval ou nas olimpíadas escolares, nos eventos folclóricos ou religiosos, no futebol, dentro das "quatro linhas", com os jogadores, e fora delas, nas torcidas organizadas, especialmente nas torcidas organizadas.

O caráter racional da autoridade legal de um árbitro de futebol — simbolizado na súmula do jogo, o documento maior — para dirimir dúvidas e para quaisquer julgamentos; o caráter tradicional da autoridade tradicional de um ex-atleta, ídolo de uma modalidade, quando vai conversar com estudantes sobre sua história de vida; o caráter carismático da autoridade carismática de um líder local, organizador de eventos comunitários e que se torna referência do lugar. Estes são alguns exemplos de possíveis aplicações. Alguns, não únicos.

Weber e o conceito de carisma

E aqui entra em cena outro conceito weberiano, de largo emprego na sociologia: o conceito de carisma. Este é de grande relevância para a sua sociologia (a de Weber, claro) e para a sociologia em geral. Observadas com frequência, em diversos momentos da história e em diversos contextos sociais, as manifestações carismáticas, sejam políticas ou não, têm sido temas de pesquisa e análise das ciências sociais.

Proveniente de *charrisma*, que significa dom, o carisma dá ao exercício da liderança uma legitimidade muito peculiar, específica mesmo, que tem a ver com uma força, digamos, subjetiva, a qual nasce do "jeito de ser" do líder e de sua capacidade de arregimentar, influenciar e convencer. Um aspecto "extracotidiano", como disse o próprio autor, ou seja, uma dimensão inusitada, surpreendente, se comparada com outras modalidades de liderança.

O carisma empresta ao líder um poder maior do que o previsto e multiplica os efeitos de suas atitudes nos comportamentos dos liderados, geralmente numerosos. Quando se trata de liderança carismática, esse aspecto quantitativo é mais importante ainda porque o carisma é um tipo de referencial de longo alcance e que se espalha com relativa facilidade.

Acho eu que novos estudos e propostas sobre o envolvimento e a intervenção de atletas e ex-atletas carismáticos em campanhas e debates de *fair-play*, de prevenção da agressividade, dentro e fora de campos ou quadras, seriam medidas produtivas e de boa repercussão social, inclusive valorizadas no meio dos profissionais do alto rendimento.

Quando se tentou no passado — distante ou recente — fazer com que jogadores carismáticos pregassem a paz junto aos torcedores, os resultados foram positivos. Com certeza, seriam outra vez, agora, nos tempos que correm e que estão a exigir empenho e tentativas de solucionar ou minimizar os problemas ligados à violência no futebol, dentro e fora do jogo. Inclusive porque a violência no campo contamina as arquibancadas. O Brasil detém um lamentável primeiro lugar há anos: é o país onde mais se mata torcedores, comprovadamente pelo inquérito policial, em decorrência de conflitos entre torcidas organizadas. Até o presidente da Fifa, Joseph Blatter, em 2007, já se referiu a essa preocupante situação, "que pode acabar com o futebol" ou, no mínimo, "trazer muitos prejuízos".

O carisma de um craque junto à massa de torcedores é alguma coisa difícil de se imaginar. Tem um impacto extremo e já comprovado. Seu efeito pode ser positivo ou negativo. Por tudo, jogadores e ex-jogadores não podem ficar de fora das reflexões sobre a violência e das intervenções daí resultantes. Sua ajuda é necessária, até porque não há ninguém que o torcedor ouça mais do que os ídolos de seu time — mais os do presente, também os do passado.

Do mesmo jeito, em relação aos demais jogadores profissionais, quando se trata das violências dentro de campo. Estes também ouvem os ídolos (seus ídolos, muitas vezes) e os mais velhos de sua equipe, respeitosamente, como a ninguém. Nenhum personagem tem tanta autoridade sobre os atletas como o líder do time ou o mais velho do grupo, o mais experiente; nenhum personagem é tão ouvido e acatado como estes. Evidente que nem tudo é pacífico entre eles, mas ainda assim esse tipo de liderança emergente do grupo, em geral pelo talento, que é sempre muito forte em qualquer atividade, no setor desportivo parece ser especial.

Por todos esses motivos, o conhecimento da ideia sociológica de carisma e de suas repercussões socioeducacionais devem fazer parte da formação universitária dos profissionais de educação física, para que eles possam — uma vez assimiladas as noções daí advindas — transmiti-las e retransmiti-las criticamente, nos trabalhos que desenvolvem.

E nesse caso aparecem como espaços privilegiados, devido a seu caráter pedagógico, a educação física escolar e as atividades de apoio em organizações comunitárias (governamentais e não governamentais) e mesmo em clubes. Aqui, nos clubes, desde as divisões de base (com maior ênfase educacional, claro) até os grupos de atletas do primeiro escalão, com maior ênfase profissional, obviamente. Até mesmo a mudança tão frequente de clube e consequentemente de camisa, ruim por um lado, pode ser positiva por outro, quando se trabalha a seguinte consciência profissional: o adversário de hoje, jogador e torcedor, pode ser o parceiro de amanhã. Então, cuidado com o que se diz e o que se faz.

Outros conceitos de Max Weber

Modernidade e *racionalização* são dois conceitos de peso para a sociologia weberiana, de emprego recorrente em sua obra. Em *A ética protestante e o espírito do capitalismo*, cuja primeira parte é de 1904, suas análises levam à conclusão da inevitabilidade desse processo conjugado de racionalização-modernização, nas sociedades contemporâneas.

Podemos acrescentar que esse processo foi uma das características da formação dos "esportes modernos", junto, por exemplo, com (atenção que aí vêm outros conceitos weberianos) a *quantificação* e com a *especialização* ocupacional, além da *superação* de recordes e de performances. Essa conclusão, mesmo que parcial, já indica algumas possibilidades de aplicação de categorias teóricas da sociologia de Weber nas instituições esportivas, na organização das competições e na promoção do espetáculo pela mídia. Um bom exemplo deste último item e, ao mesmo tempo, um bom tema de pesquisa é a estatística esportiva (que tem a ver com a *quantificação*), uma realidade, hoje em dia.

O conceito de racionalização, intimamente ligado ao de modernização, pode complementar o raciocínio anterior por meio de uma lógica interessante. Vamos a ela. A racionalização foi entendida por Weber como um processo em que os indivíduos, na condição de agentes sociais, estabelecem meios e fins, tendo como referência as regras e as leis estabelecidas e, assim, programam suas ações e interações. O cálculo, a previsão, a técnica, o controle, o resultado, a eficiência e a superação são fatores previstos pela racionalidade, de acordo com o conceito de Max Weber, e esses aspectos são visíveis "a olho nu" nas instituições do esporte "moderno".

O uso de métodos quantitativos e de linguagem estatística especializada, bem como de programas de computadores para tabulação, monitoramento e avaliação, todos com defensável apuro tecnológico, fica evidente também na área acadêmica da educação física, nos cursos de graduação e de pós-graduação. Mais ainda quando se trata de investigação quantitativa ou de investigação sobre ampla base de dados.

Não em todas as linhas de trabalho, como é evidente, mas sim nos campos do ensino e da pesquisa na chamada área dura, das ciências do desporto e da atividade física, onde isso é mais comum: a biomecânica, a fisiologia, a cardiologia do esforço, a avaliação funcional, a fisioterapia, a nutrição, a psicologia, a ortopedia. Todas, de maneira geral, fundamentadas nos conhecimentos científicos e na tradição das biociências, trabalham com processos de medição, de quantificação, de especialização. É a chamada racionalidade científica e tecnológica, prevista e estudada por Weber.

E tudo isso, é óbvio, com um grau crescente de especialização profissional, o que amplia a equipe envolvida nas atividades ocupacionais, fazendo surgir novas tarefas, novas funções, novos cargos, novos técnicos. Eis aqui um mercado de trabalho cada vez mais especializado e com reputação ascendente. E como já falamos antes, esses fatores foram pensados, previstos e examinados pela sociologia de Max Weber.

Ouçamos Weber, em *A ética protestante*:

> Este processo de racionalização no campo da ciência e da organização econômica determina indubitavelmente uma parte essencial dos ideais da vida moderna na sociedade burguesa. O trabalho a serviço de uma organização racional (...) tem-se apresentado, sem dúvida, sempre, aos representantes do espírito do capitalismo, como uma das mais importantes finalidades da vida profissional. (...) características irrecusáveis e fundamentais da vida moderna (...) dominam todas as atividades e comportamentos humanos, com atenção voltada para o sucesso e para o êxito econômico (...) o individualismo e o racionalismo, baseados na especialização, no cálculo rigoroso e na previsão.

Para além dessas, já sinalizadas aqui, há outras alternativas de aplicação dos conceitos sociológicos de Max Weber nas pesquisas, no ensino e na extensão, em educação física, e que por vezes fazem fronteiras (interfaces) entre si. Weber tem sido muito estudado, e cada vez mais suas reflexões e seus conceitos são utilizados, muitos numa nova versão, em áreas distintas de conhecimento, inclusive na educação física.

Entre outros conceitos e reflexões, podemos reiterar a importância dos seguintes: a burocracia, o profissionalismo, a organização racional, o individualismo, o consumismo (a sociedade de consumo), o processo de racionalização/regulamentação/especialização/quantificação (características weberianas de "sociedades desencantadas"), realidades que invadem toda a vida moderna e, também, os esportes e os grandes rituais lúdico-corporais da "cultura das multidões".[16]

A ética protestante e o espírito do capitalismo (1904, primeira parte), o *Ensaio sobre a burocracia* (1913) e *Economia e sociedade* (iniciado em 1909 e publicado postumamente em 1922) são obras fundamentais de Weber.

[16] Ver Murad, 1996, 2007.

Nelas podemos encontrar os fundamentos e os instrumentos teóricos das conceituações acima indicadas, as quais podem ajudar nos possíveis estudos sobre questões lúdicas, esportivas, corporais, de recreação e lazer, de educação física, enfim.

Interessante que as influências de Weber podem ser notadas ainda hoje em abordagens específicas de sociologia do esporte. Numa perspectiva neoweberiana, talvez, Allen Guttmann (1978) apresenta sete aspectos que indicam o sentido do "esporte moderno": secularização, igualdade de oportunidades, especialização, racionalização, organização burocrática, quantificação e superação de recordes.

Esses elementos articulados formam uma rede interpretativa dos fenômenos socioculturais que compõem, por exemplo, o futebol profissional. E note bem que é do futebol profissional internacional que estamos falando, e não somente do caso brasileiro. Do futebol internacional, em tempos de globalização.

Globalização: outro pequeno esclarecimento

E já que falamos em globalização, é importante não esquecer que este é um conceito proveniente da sociologia e da ciência política e que interessa à educação física. Então, vamos a ele, com um pouco de história e um pouco de teoria, resumidamente, claro.

Em verdade há dois grandes conceitos — a primeira noção aparece com a "aldeia global", de Marshall MacLuhan (1911-80), nos anos de 1960) — desse fenômeno tão vastamente discutido que é a globalização. Fenômeno que na atualidade interfere na vida econômica, política e ideológica dos povos de todo o planeta. Portanto, interessa de perto à reflexão sociológica.

O primeiro grande conceito trata da chamada "globalização hegemônica", isto é, a dominação e o controle do mundo pelas grandes corporações capitalistas e pelos governos dos países mais ricos, conforme seus interesses e modos de representação. Aquilo que o geógrafo brasileiro Milton Santos (1926-2001) chamou de "globalitarismo", neologismo cunhado por ele. Quer dizer: a globalização autoritária do capitalismo.

Em outras palavras: o *ethos* global se impõe autoritariamente e subordina o *ethos* local. Essa conceituação dominante, relativa ao primeiro grande conceito de globalização, está associada ao Fórum Mundial de Davos (Suíça), que em 2002 foi realizado em Nova York por causa dos atentados políticos do "11 de setembro".

O outro grande conceito, a "globalização contra-hegemônica", relacionada ao Fórum Social de Porto Alegre (em 2009 foi em Belém do Pará), é a tentativa de fazer convergir numa mesma rede integrada de poder alternativo os movimentos sociais, as formas etnográficas de produção e as culturas de base. Em outras palavras: o *ethos* global é recebido sem xenofobias (horror ao que vem de fora, ao que é estrangeiro), mas é (deve ser) filtrado, deglutido, pelo *ethos* local.

Esse resumo foi elaborado a partir das palavras do professor Boaventura de Sousa Santos (eminente sociólogo português, com grande reconhecimento internacional, inclusive no Brasil), proferidas na conferência de encerramento do colóquio *Globalização: fatalidade ou utopia?*, organizado pelo Centro de Estudos Sociais da Universidade de Coimbra, sob sua direção, em 22 e 23 de fevereiro de 2002.

O futebol, enquanto objeto de investigação de largo significado para as ciências sociais, pode servir como via de acesso e interpretação tanto para um quanto para outro conceito, bem como para traduzir as tensões e mediações entre ambos.

De um lado, podem representar o conceito de globalização hegemônica, o futebol empresa, o marketing esportivo, os patrocinadores, os grandes negócios e o profissionalismo como ideologia. Os direitos de transmissão de imagens, o mercado de jogadores (intermediários, contratos e transferências), a mídia, a pasteurização de meios e modos de se jogar e até de se comemorar um gol[17] e as torcidas organizadas midiáticas.

De outro, o conceito de globalização contra-hegemônica pode ser visto no lúdico, no esporte pedagógico, nos jogos comunitários, na festa popular, na arte, na cultura e na criatividade locais. Nos eventos espon-

[17] O chamado processo de "mcdonaldização". Ver Ritzer (1996) e o documentário *Super size me*, de Morgan Spurlock (EUA, 2004).

tâneos e em suas redes simbólicas, na difusão das "escolinhas de futebol", entendidas como centros comunitários, na preservação do estilo e das raízes culturais de cada forma de se jogar, nas manifestações coletivas, independentes e "carnavalizadoras"[18] dos torcedores.

Eric Hobsbawm, considerado por muitos o maior historiador vivo, diz que o futebol traduz os antagonismos do processo de globalização:

> O futebol hoje sintetiza muito bem a dialética entre identidade nacional, globalização e xenofobia (...). Os clubes viraram entidades transnacionais, empreendimentos globais. Mas, paradoxalmente, o que faz do futebol popular continua sendo, antes de tudo, a fidelidade local de um grupo de torcedores para com uma equipe. E, ainda, o que faz dos campeonatos mundiais algo interessante é o fato de que podemos ver países em competição. Por isso, acho que o futebol carrega o conflito essencial da globalização.[19]

[18] Bakhtine, 1974.

[19] *Folha de S. Paulo*, 30 set. 2007 (entrevista concedida a Sylvia Colombo).

Capítulo 8

Clássicos contemporâneos: Elias e Bourdieu

Como falamos antes, nosso principal objetivo é estudar algumas contribuições da sociologia clássica para os temas de trabalho e pesquisa que são pertinentes à educação física, como os esportes e as atividades lúdico-corporais, entre outras temáticas relevantes. Estamos fazendo um inventário mínimo dos pensadores clássicos, não de todos, mas daqueles considerados mais influentes para o desenvolvimento teórico, metodológico e prático da sociologia, como também da educação física.

Vimos alguns dos fundadores dessa ciência, a sociologia, a partir de meados do século XIX, mas que só abordaram indiretamente os temas de uma possível sociologia da educação física. Agora vamos examinar dois contemporâneos que enfocaram nossas temáticas centrais diretamente: Elias e Bourdieu. Estes sociólogos já estão se tornando clássicos (já se tornaram) pela influência que exercem não somente na sociologia, mas também em outras áreas afins de conhecimento e de atuação profissional, como é o caso da educação física, da comunicação social e da pedagogia, por exemplo.

Poderíamos operar sobre um leque mais alargado de nomes e de trabalhos da sociologia mais recente, especificamente daquela que se projetou ao longo da segunda metade do século XX? Claro que sim. No entanto, vamos nos ater a Norbert Elias e a Pierre Bourdieu, em primeiro lugar porque ambos têm hoje uma importância bastante grande como interlocutores de inúmeros trabalhos sociológicos em diversos países do mundo. Em segundo lugar, por motivos de tempo e espaço, já que não queremos esticar muito este livro, para torná-lo mais objetivo e didático. E, por último, porque pretendemos fazer isso, aumentar a lista dos autores, num outro texto, que espero seja em breve.

Gostaria de reiterar que, assim como estamos fazendo um resumo de autores, também estamos fazendo um resumo das ideias de cada um deles. Assim como não apresentamos todos os pensadores de consistência e relevância para a sociologia, mas sim uma síntese dos principais, o mesmo faremos com as propostas de cada um deles. De suas teorias pretendemos elaborar um resumo, e um resumo mais ligado às questões da educação física, porque este é o nosso maior objetivo.

Elias e Bourdieu, cada um a seu jeito e dentro de suas possibilidades, contribuíram muito para a sociologia dos esportes e para uma valorização dos temas das práticas esportivas nas pesquisas acadêmicas e não acadêmicas de qualidade e respeitabilidade. Ajudaram e ajudam, se não a superar completamente o preconceito que ainda existe em relação aos temas "menores" do esporte de modo geral e do futebol em particular, do corpo, de suas simbologias e expressões, pelo menos a neutralizar ou reduzir esses estigmas e colocá-los em seu devido lugar.

Auxiliaram no combate político (político, sim!, porque está ligado a poder) contra os estereótipos dominantes, questionando os preconceitos e demonstrando o valor científico desses temas, contribuição necessária para uma compreensão geral dos fundamentos e das contradições das sociedades humanas, da cultura dos povos e da história. A credibilidade que tanto Elias quanto Bourdieu conquistaram ajudou o processo de valorização desses assuntos do cotidiano e da chamada cultura popular, como os esportes, as formas populares de lazer, os jogos, o folclore, as linguagens corporais. E é evidente que há outros nomes relevantes, além deles dois, que poderiam ser incluídos aqui.

Breve intervalo para algumas inclusões

O século XX tem uma contribuição expressiva no sentido do resgate dessas temáticas "populares" e de sua valorização para a pesquisa social. Em outras palavras, ajudou a agregar valores na investigação científica dos diversificados sistemas simbólicos de comunicação cultural que são encontrados na história das sociedades. Ao longo do século, a análise das problemáticas condensadas no dia a dia e nas redes de representação das coletividades aparece e reaparece nos trabalhos de muitos teóricos de peso para a sociologia, mesmo que — atenção — eles ou alguns deles não sejam sociólogos por formação.

Ilustres e variados pensadores, além de Elias e Bourdieu, refletiram (direta ou indiretamente) sobre realidades e fenômenos históricos, sociais e culturais, sociológicos, em resumo, que interessam aos profissionais de educação física. Nesses pensadores há uma série de estudos teóricos e práticos que podem auxiliar nessa tarefa de aproximação da sociologia com a educação física. Vejamos alguns autores, muito rapidamente, a título de exemplo.

Sigmund Freud (1856-1939), o pai da psicanálise, com seus textos sobre a *Psicopatologia da vida cotidiana* (este é o nome do livro que ele publicou sobre o assunto, em 1901) e suas interações com as identidades culturais, com o *ethos* de um grupo social, com as formas de representação e de expressão de uma comunidade ou coletividade. Nesses momentos de sua obra, Freud é considerado um "filósofo da cultura", mais do que médico neurologista, psiquiatra ou psicanalista, por suas preocupações em entender as redes simbólicas cotidianas que a seu ver são elementos essenciais das identidades coletivas de um lugar e, por efeito, das identidades individuais e, assim, do próprio psiquismo, seu grande objeto de investigação. Por aí, associou suas reflexões acerca da "alma humana" com as culturas locais (por ele consideradas imprescindíveis), destacando nestas as simbologias dominantes, as quais ajudam a decifrar as relações dos homens entre si e destes com o mundo institucional. E de modo destacado, ressaltou, ainda, a importância dos grandes eventos das multidões, qualquer um que seja, para a fixação dessas simbologias dominantes, coletivas, as quais são referenciais ao psiquismo e a individualidade.

Johan Huizinga (1872-1945), com o seu livro *Homo ludens*, de 1938, um clássico, e suas interpretações filosóficas e históricas (estas duas são as suas formações universitárias) em torno do ludismo humano, das brincadeiras, do entretenimento e dos jogos. Estes, segundo o autor, fundamentais para o entendimento da vida social e antecessores da própria cultura, devido à sua lógica e à sua dinâmica. Para o autor, não basta o entendimento do *homo sapiens*, isto é, da racionalidade humana e de suas possibilidades, tampouco a compreensão do *homo faber*, ou seja, da capacidade humana de transformar a natureza e criar cultura, por meio do trabalho. Essas são dimensões imprescindíveis, claro. Contudo, é preciso incluir e valorizar o *homo ludens*, a necessidade humana de criar, de jogar, de inventar os esportes e as artes, de brincar, do ócio, do tempo livre, da diversão, do lazer, enfim, da liberdade. É por aí que Johan Huizinga, em 1938, e posteriormente Roger Caillois, em 1950 e 1958, irão centrar suas análises. Huizinga, no entanto, oscila entre conceber o fenômeno do jogo como atividade *não séria*, no sentido de contrapô-lo às outras esferas da vida que progressivamente racionalizaram a dimensão *lúdica* (no direito, na política, no trabalho), e como atividade *séria*, fundamento da sociabilidade humana, qual a experiência do sagrado: "a identificação platônica entre jogo e o sagrado não desqualifica este último, reduzindo-o ao jogo, mas, pelo contrário, equivale a exaltar o primeiro, elevando-o às mais altas regiões do espírito".[20] Para o autor, os jogos, o ludismo, em resumo, bem como o esporte, a sua forma mais contemporânea e socialmente organizada, são indispensáveis para se entender os grupos humanos e os segmentos socio-culturais, manifestações coletivas na história das sociedades.

Mikhail Bakhtine (1895-1975) e sua teoria da carnavalização, formulada como uma metodologia para a leitura das identidades culturais dos povos, mediante a estrutura distintiva de seus ritos e mitos, de seus símbolos e arquétipos, de suas festas e celebrações. Um dos fundamentos da teoria de Bakhtine, "a inversão do código vigente", segundo ele fator di-

[20] Huizinga, 1971:23.

ferencial das práticas culturais populares, é essencial para uma reflexão, por exemplo, sobre a mobilidade social (mudança de classe social) que acontece, às vezes, através dos esportes, do carnaval, da música popular e da dança, embora nesta seja menos comum do que nos anteriores. Portanto, como lazer e entretenimento, como jogos e esportes, como manifestação de ritmo e de linguagem corporal e, por fim, talvez, como forma de resistência e de inclusão social, as práticas culturais populares interessam de perto tanto à sociologia quanto à educação física.

Roger Caillois (1913-1978), de outra parte, preocupou-se em construir uma tipologia dos jogos, influenciando um outro conjunto de trabalhos. Esse autor acena para a possibilidade de compreender as manifestações *lúdicas* levando-se em conta várias das suas dimensões, em particular o gosto pela competição, que em Huizinga, ao contrário, aparece como elemento definidor apenas das atividades esportivas racionalizadas das sociedades industriais, e não dos jogos. O fragmento que segue é revelador da tentativa deste empreendimento:

> O gosto pela competição, a busca da sorte, o prazer da simulação e a atração pelo vertiginoso surgem como os principais motores dos jogos, mas a sua ação embrenha-se completamente na vida das sociedades (...) os princípios dos jogos, tenazes e difundidos motores da atividade humana, que parecem ser constantes e universais, devem marcar os tipos de sociedade. E até presumo que possam servir, por sua vez, para a sua classificação, ainda que as normas sociais tendam a privilegiar exclusivamente um deles em detrimento do outro. O simples fato de se poder identificar no jogo um importante e antigo elemento do mecanismo social revela uma extraordinária convivência e surpreendentes possibilidades de intercâmbio entre os dois domínios (...) o que revelam os jogos não é diferente do que revela uma cultura.[21]

[21] Caillois, 1958:88.

Caillois distingue nos jogos quatro formas básicas de manifestação: *agôn*, ambição de triunfar unicamente graças ao mérito numa *competição* regulamentada; *alea*, que evoca a demissão da vontade a favor de uma espera ansiosa e passiva do curso da *sorte*; *mimicry*, o gosto de revestir uma personalidade diferente (*representação*); e, por fim, *ilinx*, a busca da *vertigem*. Esses princípios podem, segundo o autor, conviver juntos numa mesma modalidade. E essas formas básicas apontadas, são categorias teóricas, que podem servir como elementos de "revisão de literatura", em diferentes trabalhos de pesquisa, nas áreas componentes da educação física.

Edgard Morin (1921-2016), ao examinar as perplexidades enfrentadas pelos humanos, diz-nos que

> o homem não pode ser reduzido à feição técnica do *homo faber*, nem à sua feição racionalista de *homo sapiens*. É preciso considerar o mito, a festa, a dança, o canto, o êxtase, o amor, a morte, o despropósito, a guerra. É preciso não rejeitar como resíduo ou desperdício a passionalidade, a neurose, a desordem, o acaso. O homem verdadeiro encontra-se na dialética *sapiens-demens*.[22]

Ao estudar *As estrelas — mito e sedução no cinema* (este é o título de seu livro citado aqui), constrói uma grade de interpretação desse fenômeno cultural e de seus atores, a qual pode ser utilizada em outros eventos culturais, como o esporte, o carnaval, o folclore, as comemorações coletivas.

Umberto Eco (1932-2016), considerado um dos três intelectuais mais influentes do mundo (junto com Hobsbawm e Chomski), se bate contra essa estratificação preconceituosa que hierarquiza os "objetos de estudo" e defende o princípio de que a investigação científica dos temas da chamada cultura popular é tão importante quanto os da chamada cultura erudita.

[22] Morin, 1989:193.

> Após tantos livros que nos contavam tudo sobre a crise dos universais, sobre a organicidade das instituições, sobre os meandros da política internacional e da diplomacia, e nada, nada mesmo, sobre a concepção do amor, sobre as festas ou os funerais, era exatamente isto o que deveria ser feito.[23]

Pela extrema importância acadêmica e cultural da obra de Umberto Eco, suas apreciações repercutem muito, e isso é ótimo para as áreas do saber que trabalham com esses assuntos, como a sociologia e a educação física.

Na verdade, esta é uma posição de combate a preconceitos que aparece em várias épocas históricas. Por exemplo, o filósofo e escritor alemão Johann Herder (1744-1803) igualmente defendia que o espírito do mundo está presente tanto no povo e na "cultura popular" quanto na natureza e na arte "superior". Pesquisou e selecionou as canções populares de muitos países e deu o nome à sua coletânea de *As vozes dos povos em canções*. Chamou a cultura popular de "a língua materna dos povos" e criticou duramente as tentativas de se estabelecer hierarquia entre os temas.

Tantos outros investigadores de renomado conceito vêm lutando, efetivamente lutando, no passado e no presente, contra esses entraves no interior das comunidades de pesquisa e conhecimento, ajudando assim a formar uma massa crítica para já e para as próximas gerações de trabalhadores intelectuais. Michel Foucault, Roland Barthes, Gilles Lipovetsky, Michel Maffesoli, Eric Hobsbawm, Noam Chomski, Domenico De Masi, entre outros, são alguns (alguns!) exemplos desses pensadores. É importante dizer que, mesmo quando não o expressam diretamente, sugerem, ainda que indiretamente, a inclusão no rol dos "temas nobres" daqueles "enredos populares" que são componentes, entre outros, da área de reflexão e de trabalho da educação física.

Para eles a verdade é que não existe essa diferença entre temas "superiores" e "inferiores", porque é igualmente complexo, fundamental, espetacular e revelador para a experiência humana o exame tanto de um elenco de fenômenos quanto de outro. Depende é da forma, do modo como são construídos, problematizados, estudados, aprofundados. E isso porque, do

[23] Eco, 1989:31.

ponto de vista temático, não há diferença entre os objetos de estudo, e também porque isso é um direito de escolha que deve ser respeitado e, como tal, um elemento que ajuda a pacificar as relações humanas, pelo menos em parte.

Feito este breve intervalo, que tal voltarmos agora a Norbert Elias e Pierre Bourdieu?

Capítulo 9

Norbert Elias (1897-1990)

Sua tese focal é que o esporte não pode ser visto isoladamente. Não pode ser compreendido satisfatoriamente se for separado, se for visto como algo autônomo e independente de outros aspectos do processo histórico das sociedades. É uma tese sociológica, por excelência, já que trabalha com o instrumental teórico e metodológico da contextualização. Essa perspectiva, na verdade, aparece de certa maneira em toda a sua obra, embora tenha sido defendida basicamente no livro *Em busca da excitação*, de 1986. A edição em língua portuguesa data de 1995 e vem de Lisboa.

Elias defende a ideia de que houve uma clara afinidade entre a história, o desenvolvimento e a estrutura da política na Inglaterra, principalmente da segunda metade do século XIX, com a "esportização" dos jogos e passatempos das classes altas, as quais tinham nas práticas desportivas um sinal distintivo de nobreza e hierarquia. Tanto a esportização quanto a parlamentarização e mesmo a industrialização podem ser vistas como sintomas sociais de um processo histórico mais profundo de transformação nas sociedades europeias — o "processo civilizador", que exigia dos seus membros individuais maior regularidade e regulamentação dos comportamentos.

Essa diferenciação histórica, social e cultural dos comportamentos, numa escala de dimensões crescentes, assim como em círculos concêntricos que incluem a esportização, a parlamentarização e a industrialização, já vinha acontecendo desde meados do século XVI, particularmente nas classes altas, de acordo com a teoria do processo civilizador de Norbert Elias. Esse processo é entendido como a transição histórica que leva os indivíduos ao necessário autocontrole, que é civilizacional, por intermédio da assimilação e da internalização de normas e regras que limitam suas ações "desregradas", as quais, antes, só eram contidas mediante o uso da força, da imposição, da coação física.

Foi mais ou menos assim que aconteceu: com o fim dos constrangimentos físicos, da imposição das normas sociais pela força e pela coação, nada poderia deter a desobediência ou a indisciplina. Então, houve a transformação da coerção externa em autocoerção e autocontrole, e é isto que caracteriza o processo de civilização. A conjuntura decisiva de sua origem histórica, para Elias, tem a ver com a derrocada da monarquia absolutista francesa, a mesma corte que antes fomentou e permitiu a constituição do "monopólio da violência legítima".

Depois da Revolução Francesa, de 1789, e também do processo de industrialização, iniciado na Inglaterra em 1760, marcos fundamentais para a derrota do feudalismo e a ascensão do capitalismo, as regras de autocontrole e civilidade foram apropriadas e difundidas principalmente pela burguesia. Essa classe social que havia conquistado o poder pela força das revoluções, basicamente as do século XVIII e XIX, agora pregava a ideologia da "ordem", da obediência às regras. Não nos esqueçamos de que "ordem e progresso" (sim!, este mesmo, o da bandeira brasileira) era um de seus lemas. E um lema positivista, portanto de Augusto Comte e também da primeira "escola" de sociologia, conforme já vimos.

Como desdobramento das anteriores, outra de suas teses centrais é a que trata do papel desempenhado pelos esportes na humanização dos comportamentos e dos costumes; está registrada em vários de seus trabalhos e é essencial para o que pretendemos com o presente livro. Elias afirma que passamos de sociedades em que a belicosidade, o confronto e a violência para com os outros se afirmavam livremente para sociedades de outro tipo, nas quais algumas das impulsões, dos instintos mesmo, estão sob determinado controle. Essas impulsões estão recalcadas e refreadas, pode-se dizer, um pouco seguras pela Lei (com letra maiúscula, sim, porque indica o conjunto das leis, das normas e das regras sociais) e pelas atividades catárticas, entre as quais é possível destacar o esporte em geral e o futebol em particular.

A teoria dos processos civilizadores de Norbert Elias, que sustenta essa visão da história e se aplica complementarmente ao terreno dos esportes, também se aplica a outras manifestações culturais lúdicas, artísticas e corporais. De um jeito didático, podemos resumir que, nessa linha de raciocínio, as sociedades ocidentais passaram por uma transição na qual houve uma espécie de "suavização dos costumes" — essa expressão é de Giles Lipovetsky —, de declínio (declínio, não extinção) da intolerância e das práticas de violência, pelo controle social da lei e das normas, pela disciplina, mas também pelo autocontrole, pela autocoerção, o que resultou no processo de civilização.

Esse processo histórico civilizacional encontra nos esportes um dos melhores exemplos de sua demonstração e um grande aliado. Em outras palavras, foi a transição dos passatempos imediatamente anteriores ao nascimento do esporte, os quais perderam suas raízes de agressividade e violência, que eram assimiladas e aceitas coletivamente, para o esporte propriamente dito, com regulamentação, institucionalização, controle e sanção peculiares a essa atividade cultural. Resumindo, foi a limitação da violência pelo uso civilizatório da palavra, do acordo, do debate, das leis, das normas e da proposta de ideias, estes que são mecanismos parlamentares.

A "parlamentarização" e a "esportização" são, pois, equivalentes porque em ambas a coação pela força e pela violência direta perde terreno para o compromisso, para o acordo, para o contrato. A "arte militar" (para usarmos uma expressão de Elias) cede espaço à arte da palavra, à arte da retórica e da persuasão, aos contratos das regras, à disciplina das normas, à interiorização do controle, os quais exigem maior ordem e contenção dos comportamentos e das atitudes, dando a essa mudança as características de um avanço civilizador.

Assim, a transformação dos jogos e passatempos pré-desportivos em esporte contribuiu para "civilizar" os indivíduos, fazendo-os interagir com as regras e normas de sua sociedade. Isto é a "esportização", a organização planejada (racional) do "tempo livre", onde passatempos até cruéis cedem lugar a jogos normatizados e a seguir a esportes regulamentados e depois institucionalizados. Segundo Elias, a "esportização" é um complemento importante do processo "civilizador" porque é ao mesmo tempo sua consequência e, num certo sentido, também uma de suas causas, ou pelo menos um de seus elementos multiplicadores.

E é por aí que os esportes têm um papel "civilizatório" no contexto da história moderna e contemporânea de nossas sociedades, pois ajudam a conter e controlar os "impulsos naturais", a segurar os excessos. Este é o processo civilizador a que Elias dedicou grande parte de sua ocupação intelectual, deixando-nos um legado sociológico de peso. Por intermédio de regras e normas, da mediação da lei, as relações interpessoais ficam mais sob controle, um controle cultural dos hábitos e das atitudes que, incorporado à socialização dos indivíduos, torna-se, por via de consequência, um autocontrole.

Podemos dizer que são as regras de civilidade, os sentimentos dos limites em relação ao outro e à sociedade. Ou, ainda, que são as obrigações e os direitos acordados, assimilados e interiorizados pelos indivíduos e que devem ser levados em consideração e funcionar como referência quando as pessoas interagem entre si e com a sociedade, através dos espaços dos grupos e das instituições.

Espaços materiais ou simbólicos que têm a palavra (deveriam ter, pelo menos) como o instrumento civilizador por excelência, sua ferramenta de mediação e negociação, de convencimento e lógica. É o que ele chama de "parlamentarização" da vida civil. A parlamentarização equivale a acordo, a contrato, a compromisso com a palavra, com o debate, com o convencimento, enfim, com a persuasão. Corresponde a um processo de mediação que é o pano de fundo da vida em sociedade, no chamado mundo moderno, industrial, capitalista e burguês, dominado pela ideologia democrática e liberal.

Tem por base regras e normas que, de um modo ou de outro, foram sendo estabelecidas ou ajustadas em comum acordo, isto é, que foram parlamentarizadas. Tais procedimentos são civilizadores: vêm da civilização e levam à civilização. Civilização dos costumes, dos negócios, dos ócios, das disputas, das competições, das concorrências, das soluções. A parlamentarização das atitudes e dos comportamentos sociais e políticos, que exerceu uma espécie de controle civilizador em relação à violência dos períodos anteriores, manifestou-se, de forma mais ou menos semelhante, nos hábitos cotidianos e até no lazer e no entretenimento dos indivíduos e dos grupos.

A parlamentarização de segmentos dominantes das classes proprietárias, na Inglaterra, teve seu equivalente na esportização de suas atividades lúdicas, de entretenimento, de brincadeira, de passatempos, de jogos. Esta, uma novidade histórica e institucional. Os dois fenômenos são simultâneos e convergentes, para Elias. A ocorrência histórica da esportização representa um avanço do processo de civilização e, por isso mesmo, pressupõe que sua existência já esteja em curso. Sim, porque se *x* é um avanço de *y*, é porque *y* já nasceu e está em andamento.

Ao estudarem como se formou politicamente o Estado na Inglaterra vitoriana do século XIX, Norbert Elias e Eric Dunnig (seu discípulo e colaborador) analisam durante esse processo histórico o desempenho e a ruptura dos passatempos. Até então cruéis e violentos, foram se transformando em atividades lúdicas, jogos normatizados, para mais à frente chegarem aos esportes regulamentados, como já foi dito. Assim, consideram os esportes como fenômenos culturais de longo alcance porque, além de eventos esportivos propriamente ditos, são expressões do processo de civilização.

Os chamados esportes modernos, que emergiram desse contexto histórico, assumiram essa dimensão civilizacional a que nos referimos e, por isso, ainda segundo Elias, constituíram-se como algo novo, diferenciado, resultante de uma ruptura com o passado. Lugar social da emoção, da catarse, mas também do autocontrole, determinado pela existência de regras, de normas de convivência, pela lei.

Isto é a civilização dos jogos de competição, dos esportes, nos quais há uma regulamentação que tende a limitar o uso da violência, devido à aceitação das regras sociais próprias da parlamentarização e que exigem o autocontrole. Uma interpretação possível das consequências desse processo é que a violência direta, material, cede lugar, em determinadas situações, à violência simbólica. Tal realidade ocorre não só nos esportes, mas em outros ambientes, como nos hábitos protocolares à mesa de refeições.

A demonstração dessa possibilidade, de passagem da violência física para a violência simbólica, faz dessa transição uma metáfora (uma imagem representativa) daquele período da história monárquica. Nunca é demais sublinhar que, para Elias, essa mudança da coerção externa em autocontrole é exatamente o que caracteriza o processo civilizador. Sim, já dissemos isto, mas é bom reiterar para que fique bem claro, porque este é um dos mais importantes postulados da sociologia de Norbert Elias.

Avançar um pouco mais

Essa peculiaridade do autocontrole, que é dominante no esporte dito moderno, de acordo com as formulações de Elias relativamente à "esportização", como estamos apontando, acaba por revelar outra de suas especificidades. Essa outra face da mesma moeda, por assim dizer, é aquela que diz que as emoções liberadas nos recintos desportivos, pela alegria, pelo entusiasmo coletivos, apesar de acontecerem basicamente dentro dos limites do autocontrole, ajudam a reduzir o excesso de controle e de tensão preexistentes, ou seja, ajudam a fazer uma catarse coletiva. Poderia, talvez, até ser lido como um dado de contradição dialética próprio, constitutivo do processo de esportização.

Elias supõe que, no processo de civilização já consolidado, o esporte poderia se caracterizar igualmente como controle e como um antídoto do excesso (excesso, bem entendido) de autocontrole e de tensão, permitindo aos indivíduos liberarem as suas emoções, mas com calma e civilidade. Sim, porque ultrapassar determinado limite é confrontar o processo civilizador, por ser, digamos, "descivilizador". Um bom exemplo? A violência no futebol, dentro e fora das quatro linhas.

No jogo, o contato físico e a competição próprios da modalidade estão normatizados/controlados pelas 17 regras, no caso do futebol, que punem as transgressões, chamadas de atitudes antiesportivas (repare bem: antiesportivas!). O *fair play* é visto como um princípio regulador do esporte e é assim definido: respeito às regras, ao adversário e ao público. Na assistência, a liberdade criativa e a catarse estão previstas, mas devem ser atitudes carnavalizadoras, e não transgressoras da lei e da ordem, que possam disparar os seus mecanismos de sanção a qualquer instante.

E que fique bem claro: todos esses fatores são contribuições do pensamento sociológico de Elias aplicado ao universo esportivo e fazem avançar a sua análise cultural, social e histórica. Elias é um teórico influente, e a repercussão de seus estudos e ideias, tanto para a sociologia geral quanto para a sociologia do esporte, cresce a cada dia em diferentes países. Seus livros são traduzidos para diversos idiomas, seus trabalhos citados com frequência e suas reflexões são muito consideradas.

Seu enfoque predominante na história dos esportes modernos é distinto daquela visão chamada — criticamente — de universalista ou mesmo evolucionista e até essencialista. Essa perspectiva, mesmo indiretamente, parece sugerir que existe uma "essência" no esporte, nos seus fundamentos, em sua lógica, em sua representação social. Por isso, é esta "essência" que define mesmo uma determinada modalidade esportiva e, assim, faz com que sua versão contemporânea seja comparada às suas "similares" de outras épocas mais remotas.

Ainda segundo tal olhar, as práticas esportivas evoluem, digamos, não são sempre as mesmas, claro, se enquadram nas culturas do lugar, representam simbologias distintas, mas se repetem de maneira mais ou menos equivalente, na "essência", em diferentes conjunturas (momentos históricos). Ao contrário, Elias defende que houve uma ruptura de sentidos no "esporte moderno". Este nasce do processo civilizador e vem dar-lhe força, uma força civilizatória.

Muitos especialistas concordam em que as atividades catárticas, lúdicas, esportivas, estéticas ou de entretenimento assumem um papel social relevante pelo fato de estarem muito articuladas com as estruturas da sociedade onde se inserem. Essas atividades adquiriram um significado pedagógico e tornaram-se instituição. Por isso podem ser elementos de grande valor sociocultural, auxiliares no exercício da cidadania, por intermédio do aprendizado simbólico de um controle material, real e concreto que é constitutivo e estruturante da civilização: a assimilação do limite da lei e do respeito ao outro, da aceitação da regra e da sanção, da punição. Este é um dos lados éticos do esporte e de impacto reconhecido, especialmente na socialização de crianças e adolescentes.

O esporte em geral e o futebol em particular, devido à sua dimensão planetária, nesse contexto alcançam o *status* de instâncias civilizatórias auxiliares porque permitem exercitar a sociabilidade e, para alguns, possibilitam "descarregar", no plano do simbólico, aquela excitação que, acumulada e no limite, teria de ser contida pelos dispositivos institucionalizados da interdição material, repressiva. Acho que não é preciso explicar muito, pois fica mais ou menos evidente quais são as ligações dessas ideias com as práticas escolares e não escolares da educação física, principalmente nas artes e nos esportes.

Pausa para um pouco de história, pedagogia e ética

No mundo contemporâneo, os esportes, de maneira geral, redefiniram seu lugar como instituição e cultura nos últimos 150 anos, aproximadamente, assumindo os paradigmas da Revolução Industrial: organização, rendimento e triunfo, que afinal buscavam no *citius, altius, fortius*. Esta expressão, que é o lema olímpico, em latim significa *o mais rápido, o mais alto, o mais forte* e é representada pela trilogia correr, pular e arremessar, os fundamentos inaugurais dos jogos olímpicos. É também um dos símbolos olímpicos, junto com os aros, a tocha, o hino, o juramento.

A expressão foi criada pelo padre Dére Didon em 1896, mas o seu sentido surgiu bem antes, pode-se dizer, em 776 a.C., na origem ancestral dos jogos. Didon era amigo do pedagogo francês Pierre de Frédy, o barão Pierre de Coubertin, este que foi o principal responsável pela criação do Comitê Olímpico Internacional (COI), em 23 de junho de 1894, no anfiteatro da prestigiosa Universidade de Sorbonne, em Paris, perante as delegações de 11 países europeus, mais as dos EUA e da Austrália.

Além do COI, o barão foi também o grande responsável pela reedição contemporânea dos Jogos Olímpicos, a partir de 1896, depois de 1.500 anos de interrupção, desde a Grécia. Os Jogos Olímpicos são o período das competições esportivas, e as Olimpíadas, o intervalo de quatro anos entre a realização dos torneios, ou seja, dos Jogos Olímpicos, a fase de preparação e de educação esportivas permanentes. Permanentes! A educação como um todo deve ser um processo permanente. É bom ressaltar que essa vinculação entre esporte e pedagogia tinha para Coubertin o valor de um princípio filosófico, ou seja, de uma base central de sustentação para o desenvolvimento de todas as atividades e valores daí decorrentes.

Mas foi somente após a II Guerra (1939-45), nos últimos 70 anos, portanto, que os esportes readquiriram um significado de ponta, um valor social e simbólico bem forte. E isto numa escala crescente e de tal ordem que se poderia talvez comparar sua importância atual com aquela que as práticas esportivas tinham na Grécia antiga, embora em configurações culturais distintas, como distintos são os contextos sociais, porém mais ou menos semelhantes no que diz respeito ao seu prestígio, impacto e representação coletiva.

Em nosso mundo contemporâneo, um prestígio que em determinado sentido pode ser considerado superior àquele da Grécia clássica. Mesmo? Sim, é possível que sim. Além do caráter mítico, heroico, emblemático de um povo, o esporte assume atualmente expressões econômicas e, sobretudo, mercadológicas, de gestão e marketing, desconhecidas, inimagináveis para os gregos, que nem sempre "nos governam de além dos próprios túmulos desfeitos", segundo a sentença poética de Fernando Pessoa.

Então, o esporte consegue associar elementos das identidades coletivas, das mitologias e das raízes do lugar a técnicas sofisticadas de planejamento, venda e valorização de produtos culturais. Segundo DaMatta (1994:14),

> Nesse sentido, o esporte é uma ponte que liga modernidade e individualismo a velhos e esquecidos valores morais. Ele é uma indústria e um espetáculo, mas igualmente um rito e uma arte. Uma atividade especial que combina com rara felicidade as máximas do capitalismo moderno com as velhas e esquecidas práticas da reciprocidade. Essa reciprocidade sem a qual — conforme ensinou Marcel Mauss — não existe sociabilidade, pois é ela que obriga a dar, a receber.

Em verdade, o que estamos falando tem a ver com uma pedagogia associada aos esportes, uma pedagogia social e lúdica, com ampla densidade simbólica. Isto do ponto de vista teórico, até mesmo doutrinário, ético, para resumir numa palavra. Pelo lado prático da questão, vale a pena lembrar que as faculdades de educação física, quase todas e em todos os cantos, estão desenvolvendo estudos, pesquisas e até criando "laboratórios" ou mesmo departamentos (em várias universidades eles já estão consolidados) de pedagogia esportiva e de ética esportiva, justamente para trabalhar esses aspectos na formação do futuro profissional. São aspectos de natureza sociológica e filosófica considerados imprescindíveis, hoje, na graduação e na pós-graduação.

Alguns dados biográficos relevantes

Elias nasceu em Breslau (Alemanha), em 22 de junho de 1897. Filho único, aos 18 anos saiu de casa para cumprir a obrigação do serviço militar, o que ocorreu durante a I Guerra Mundial (1914-18). Depois dessa vivência, marcante em sua biografia, estudou medicina (sem muita dedicação), psicologia e principalmente filosofia, área do saber que lhe conferiu uma formação erudita. Estudou em Breslau, Freiburg e Heildeberg, e em 1924 defendeu sua tese de doutorado.

Nos anos 1930, trabalhou com o irmão de Max Weber, Alfred Weber, e em seguida com Karl Mannheim. O brilho intelectual de Elias começava a dar sinais e ele se tornou professor assistente de Karl Mannheim (notável nome da sociologia alemã e mundial e autor do clássico livro *Ideologia e utopia*, de 1929) na Universidade de Frankfurt. O relacionamento intelectual com Mannheim representou muito para a sua formação acadêmica.

Elias era judeu e teve que fugir da perseguição nazista, refugiando-se na França e na Inglaterra. Saiu de seu país, a Alemanha, em 1933, ano da ascensão de Adolf Hitler à Chancelaria do Reich, após a vitória do Partido Nazista nas eleições parlamentares, com 90% dos votos válidos. Sua mãe foi vítima de um dos campos de concentração de Auschwitz, por volta de 1941. Depois de uma rápida passagem pela França, fixou-se na Inglaterra e foi em Leicester que sua importância se tornou marcante.

Em Leicester, Norbert Elias se aproximou das temáticas do futebol e despertou para a sua importância, como orientador de Eric Dunning e de certa forma influenciado por este, que mais tarde foi seu parceiro e coautor em inúmeros projetos. A partir daí, Elias tomou gosto pelo tema e fez carreira, publicando trabalhos indispensáveis para uma sociologia do futebol, especificamente, ou, de maneira mais ampla, uma sociologia das práticas esportivas, da educação lúdica e corporal, ou seja, daquilo que faz parte do trabalho dos profissionais da educação física, para resumir. Pesquisou e escreveu sobre a violência dos *hooligans*, a sociabilidade das torcidas, a instituição esportiva e a cultura do futebol, com suas características sociológicas, demográficas, econômicas e comportamentais, de emoção e conflito.

Desde 1982, na Inglaterra, The Football Trust (órgão governamental com funções de apoio à criação e modernização das infraestruturas desportivas) financia os trabalhos de investigação sobre futebol, na Universidade de Leicester, o que significa um reconhecimento de seu grau de excelência científica. Em 1987, The Football Trust concedeu as verbas necessárias à criação do Sir Norman Chester Centre for Football Research, instituto de referência internacional quando se trata de sociologia do futebol, mais ainda em relação aos assuntos de violência e segurança pública.

Esse centro, inicialmente direcionado para os estudos do "hooliganismo", ampliou suas tarefas de forma a englobar outras pesquisas sociopedagógicas, como as funções comunitárias e educacionais dos clubes; as mulheres e o futebol; o conceito de sócio; futebol e educação; futebol e segurança, entre inúmeros outros trabalhos. Atualmente há mais dois núcleos institucionais similares de pesquisa e ensino em sociologia do desporto, majoritariamente do futebol, localizados em Leicester, sendo um deles vinculado à Fifa. Tal situação reforça a importância da Inglaterra no cenário mundial no que diz respeito às pesquisas sobre futebol.

Elias publicou seu primeiro livro, *O processo civilizador*, já em 1939, mas recebeu pouca atenção à época. Na verdade, ele só obteve reconhecimento acadêmico e público 30 anos mais tarde, na década de 1970. Nessa obra, discute as relações entre a constituição do Estado e a formação da consciência dos indivíduos e de seu autocontrole. Procura demonstrar como a sociedade, por intermédio de seus mecanismos institucionais e valores educacionais, transforma, ao longo de seu desenvolvimento e do processo de socialização das pessoas, a coação externa em autocoação. No exato instante de assimilação dos limites das regras, isto é, na internalização da lei e na autocoação para evitar a sanção externa é que o controle social torna-se "civilizacional".

A conexão dessas reflexões com os esportes enquanto eventos coletivos que combinam excitação, regra e controle é mais ou menos evidente, e sobre isso já nos referimos. Mas não custa reforçar: o esporte, nesse enfoque, é "civilizacional" porque exercita a sociedade na qual está inserido e experimenta a sua regulamentação e os seus limites. Portanto, pode ser educativo ou reeducativo porque ajuda na preparação das pessoas para conviverem e respeitarem o outro, o que é uma vivência de cidadania. Em outras palavras, uma convivência. Esta é uma das boas contribuições sociológicas de Elias (e de Dunning) para o campo das atividades físico-esportivas. Norbert Elias morreu em Amsterdã (Países Baixos/Holanda) no dia 1º de agosto de 1990.

Outros aspectos sociológicos

Elias foi um dos principais precursores da chamada sociologia figuracional, em que se estudam as interações sociais de uma forma processual, tanto no micro quanto no macroespaço das relações humanas. O sentido figuracional é usado para ilustrar as redes de interdependência entre os indivíduos e a estrutura social, ou seja, os vínculos de reciprocidade que existem entre os agentes sociais e a produção e distribuição de riqueza, poder e ideias. Isso ajuda a explicar por que um efeito que acontece aqui e agora pode ter uma causa imediata, mediana ou distante.

Os nexos de causa e efeito podem percorrer as redes relacionais em todas as direções e por isso podem ser visíveis ou invisíveis. Assim, a ciência trabalha muitas vezes com o que vê, e outras tantas com o que não vê. Em diversas situações, cabe a ela tornar visível o invisível. Especialmente aqui é necessário que a análise sociológica tenha uma visão dinâmica dos processos sociais. E, além de dinâmica, uma visão dialética, isto é, complexa, totalizante e até mesmo contraditória dessas configurações culturais estabelecidas entre as pessoas e seus contextos.

O processo de formação, organização e transformação dessas cadeias relacionais entre a individualidade e a coletividade não é linear nem estático. Pelo contrário, essas interações são dinâmicas e por vezes imprevisíveis e incontroláveis. Nesse sentido, as configurações nem sempre podem ser planejadas, programadas ou previstas de forma absoluta porque são construídas e reconstruídas, inventadas e redimensionadas o tempo todo. As ações das pessoas em grupos, ainda mais em grandes grupos, são atos interdependentes de variáveis que estão além delas mesmas e que se acham condicionadas por essa rede invisível do agrupamento social e pelas condições culturais do lugar onde ocorrem essas ações.

Consequências disso são, por exemplo, a imprevisibilidade e a incerteza de resultados, em muitas coisas que acontecem na vida e, do mesmo modo, nos esportes, principalmente no futebol, por ser jogado com os pés, que são mais instintivos, menos racionais do que as mãos, por isso mais imponderáveis. Por essa razão é que se pode dizer que o futebol, outros esportes coletivos também, mas especialmente o futebol é uma metáfora da vida, uma representação, uma síntese, uma analogia da vida. Por isso é tão popular e exerce tanto fascínio, tanto encantamento, em realidades e em pessoas tão diferentes.

Mas o mundo dos esportes, como tudo, tem lá as suas ambiguidades, claro. Suas redes de interdependência possibilitam aos indivíduos experimentarem variadas cadeias de relacionamentos que geram atitudes e comportamentos diversos, paradoxais até, dependendo dos grupos e dos locais de sua ocorrência. No futebol, especificamente, pode-se observar uma gama de realidades que vão desde os cânticos, as alegorias e a criatividade pacífica das torcidas organizadas até atos transgressores, violentos e homicidas. Na verdade, uma rede de símbolos que podem percorrer um arco de sensações, identificações, projeções, vínculos e identidades culturais, oscilando de um extremo a outro, da paz à agressividade, às vezes de modo quase imprevisível e incontrolável.

A dificuldade ou até mesmo a impossibilidade, muitas vezes, de saber fazer a distinção entre o que é ser adversário e o que é ser inimigo ajudam a explicar o fenômeno das práticas de violência entre atletas e torcedores, tão comuns nos esportes, principalmente os coletivos. Essa não diferenciação também pode auxiliar o nosso entendimento relativamente às diferenças entre paixão (em que o outro é visto como adversário) e fanatismo (em que o outro é visto como inimigo), distinção tão importante para o estudo teórico do problema, bem como para possíveis intervenções repressivas, preventivas e reeducativas.

Todo esse quadro, creio, a partir da "teoria figuracional" de Elias, nos faz pensar sobre muitos aspectos componentes dos divertimentos coletivos, esportivos ou não esportivos. As condições dos estádios, das praças públicas e das arenas onde ocorrem *shows* de música, eventos carnavalescos ou festas populares. Assim, também, nos faz refletir sobre a formação dos grupos de torcedores e das plateias participantes, sobre a organização do espetáculo, o controle social e a regulamentação do lugar, sobre a segurança pública, em resumo.

O esporte e outras expressões da "cultura das multidões", isto é, a cultura de massa e da massa, como espetáculo da chamada indústria cultural, como lazer e entretenimento coletivos, como organização e uso do tempo livre são fatores do pensar e do agir dos profissionais da sociologia e da educação física. Também de outras áreas correlatas e convergentes, como a pedagogia e o direito, por exemplo. São setores de ação e atuação profissional de muitas ocupações, as quais devem procurar aprofundar as interfaces que existem entre elas.

Da mesma maneira, acho também que esse quadro de figurações e configurações próprias da vida em sociedade auxilia a reflexão de professores e educadores, bem como dos cidadãos de modo geral. E diz respeito à escola e às suas possibilidades pedagógicas e de inclusão social, ao processo de ensino-aprendizagem que ali acontece e ao processo de socialização mais amplo, que está espalhado por toda a vida social, o qual influencia e exerce pressão sobre a escola e sobre os profissionais da educação. A educação física escolar inserida nesse contexto é um bom "laboratório" de observação, de experiências e de intervenções sociológicas, digamos assim. Vejamos por que razão.

Nos relacionamentos e redes de interdependência que se estabelecem entre os indivíduos, nos segmentos da instituição escola, o que acontece nas aulas de educação física talvez seja mais rico, fecundo e revelador, bem mais do que em outras aulas. Isso devido à criatividade e liberdade próprias das atividades lúdico-corporais, das manifestações artísticas, como a dança e as lutas-dança, como a capoeira e o maculelê, além das manifestações esportivas propriamente ditas. Muitas vezes, determinadas questões sociológicas, estruturais e históricas, de "fundo", portanto, se manifestam bem mais nas aulas de educação física que nas matérias formais. Questões de gênero, preconceitos e estereótipos, segregação, racismo, violência, questões ambientais, entre outras.

Tudo isso que está sendo dito só reforça a importância da sociologia de Norbert Elias e de seus discípulos, fundamentalmente Eric Dunning, como um dos saberes sociológicos atuais que podem servir de base para a atuação dos profissionais de educação física. Como educadores que são, em última instância, os graduados em educação física precisam incorporar este e outros conhecimentos das ciências sociais em sua formação superior e em sua atuação real e concreta no mercado de trabalho. E isso pode ser, talvez, mais um elemento para fazer a diferença (pela qualidade!) na competição do mundo profissional. Ajudar nessa tarefa é a meta central do presente livro.

Como já dissemos, Elias é o autor de muitos trabalhos angulares. Por isso mesmo foi incluído aqui como um sociólogo contemporâneo, mas que já vai se tornando um pensador clássico da sociologia, pelo impacto e influência de suas ideias. Na atualidade, são frequentes o diálogo com suas reflexões e a citação de seus postulados. Estamos vendo apenas alguns, que foram resumidos num esforço didático: não será possível ver tudo aprofundadamente. Estamos nos preocupando em reforçar esses aspectos da metodologia do livro, a toda hora, para que fiquem bem claras as nossas intenções, nossas limitações e nossas possibilidades.

Em busca da excitação (1995) é considerado um de seus mais significativos trabalhos e um dos mais consultados, citados e tomados como bibliografia básica. Na área da sociologia do futebol, então, nem se fala: essa obra é seminal. É tida como das mais importantes dele e, para muitos estudiosos, a mais importante mesmo, entre todas, para a compreensão sociológica do futebol. O livro é leitura obrigatória para quem deseja aprofundar suas reflexões em torno desse fenômeno multifatorial que é o futebol. É uma contribuição, acho que já podemos dizer, clássica. Certamente não estamos longe da verdade.

Tanto suas formulações teóricas quanto suas variáveis e indicadores de pesquisa merecem toda a atenção por parte daqueles que são do ramo. O quarto capítulo é especial, mais ainda nos dias de hoje, porque trata das relações entre esporte e violência, da violência real e da violência simbólica, campo de investigação ao qual se dedicou. Penso que podemos dizer, sem grandes problemas, que Elias sociologiza e historiciza a questão da violência nos esportes, relativizando-a ao demonstrar que, apesar de importante, não é uma questão que define a atividade esportiva, como muitas vezes pode parecer.

Este é um princípio sociológico fundamental para os profissionais da educação física e não só para eles, mas para todos os que trabalham com os esportes de massa, os quais exercem fascínio, encantamento e idolatria. Por exemplo, para jornalistas e profissionais da comunicação, nomeadamemente, por causa do processo de "espetacularização" da mídia em todos os níveis, inclusive os esportivos. Esse modelo de transformar tudo em espetáculo é dominante na sociedade contemporânea, lugar de onde estamos falando e pensando.[24]

Elias é ao mesmo tempo um escritor denso e didático, profundo e original em suas interpretações, mas preocupado em sistematizar suas ideias, a fim de torná-las mais objetivas e compreensíveis. Por isso, para concretizar suas ideias, descreve as propriedades estruturais do esporte moderno de acordo com o seu entendimento. Para ele, quatro são essas propriedades, a saber: pressuposição de uma relativa igualdade de oportunidades; o prazer gerado por uma tensão razoavelmente agradável; o relaxamento (e até a catarse) ao final; e a limitação da violência física, a qual é regrada, julgada e punida.

Assim ele quis e pôde demonstrar que o prazer esportivo, tanto para os que praticam alguma modalidade quanto para os que assistem ao espetáculo, se deve a outros fatores de maior complexidade, além daqueles habitualmente apresentados. Não é efeito do descanso e do relaxamento proporcionados por uma situação de lazer, de entretenimento, de ócio, entendida como complementar e oposta ao trabalho, à obrigação, ao negócio. Não é principalmente isso. Essa visão seria aquela do senso comum, até porque se o esporte é diversão para muitos, por outro lado é trabalho para outros, como os atletas e demais profissionais envolvidos.

A conclusão de Elias é que o prazer intenso do esporte deve-se à excitação e à tensão produzidas pelo enfrentamento individual ou coletivo

[24] Ver Debord, 1971.

de corpos, pela excitação agradável de viver uma analogia, a dos enfrentamentos guerreiros e violentos, mas, atenção, com respeito à vida e às regras de civilidade. Isso pelo menos em tese e supondo que exista uma internalização suficiente dos mecanismos de autocontrole e autocoerção presentes em toda sociedade "civilizada" e disseminados de maneira mais ou menos homogênea pelas diferentes classes e grupos sociais.

Elias parece não levar muito em consideração as contradições e até os conflitos sociais que aconteceram na transição histórica do amadorismo para o profissionalismo, "na transformação do jogo 'inventado' nos colégios internos ingleses em espetáculos de massa".[25] Quando volta o seu olhar para a violência das torcidas organizadas, Elias admite a possibilidade de ocorrências de "descivilização", quando os mecanismos de controle mostram-se insuficientes diante das tensões sociais. Aqui, neste ponto, tem a oportunidade de voltar a fazer comparações entre a "esportização" e a "parlamentarização". Nesta podem-se observar também situações de "descivilização". Por tudo isso podemos escrever mais uma vez que, para Elias, a análise sociológica do esporte ajuda a reforçar a sua abordagem do "processo civilizador".

Enquanto conceito, "parlamentarização" vem a ser uma mediação, histórica e ideologicamente determinada, de tipo burguês, de organicidade institucional e natureza reguladora. Junto com o "autocontrole na resolução de conflitos", ambos se espalham e se entranham como faces da mesma moeda constitutiva das sociedades ocidentais — contemporâneas (após 1789, Revolução Francesa) e capitalistas (após 1760-1870, 1ª Revolução Industrial). Segundo Leite Lopes (1995:10),

> A parlamentarização depende de sociedades onde o autocontrole constante faz parte do *habitus social* da maioria da população. Assim, se a capacidade de autocontrole de certas parcelas da população diminui de maneira constante, se a consciência que impede as pessoas de cometerem atos de violência é corroída como resultado da escalada de um ciclo de violência, também um regime político democrático pode ser seriamente enfraquecido.

[25] Lopes, 1995.

Elias defende que o desporto atual deve ser entendido como uma ruptura em relação às práticas esportivas anteriores porque representa o processo civilizacional: é sua consequência e ajuda a construí-lo, já o dissemos. Ao comparar o "esporte moderno" com jogos arcaicos (os gregos serviram-lhe de laboratório), preconiza que na história contemporânea houve significativo aumento da sensibilidade e recusa da violência.

Mais adiante o esporte torna-se um antídoto do autocontrole e tensão excessivos, sendo uma oportunidade civilizadora para os indivíduos libertarem suas emoções, porém com "economia", vale dizer, com recato, em face dos limites e do constrangimento mútuo, dados por regras sociais. Também já o dissemos, mas didaticamente não faz mal repetir de vez em quando.

Um dos princípios fundadores da sociologia de Norbert Elias (e de Dunning, insisto) é aquele — influenciado, em última instância, pela sociologia do conhecimento de seu mestre Karl Mannheim — segundo o qual o esporte não pode ser entendido como independente da sociedade. Mas, atenção, nem pensar que essa ótica é parte de uma interpretação determinista, que veria o esporte como mero reflexo da sociedade.

Como desdobramento da categoria "cadeias de interdependência", por eles formulada, aquelas inúmeras práticas corporais e simbólicas associadas e dotadas de sentido, as quais chamamos genericamente de esporte, não se constituem como mero efeito ou subproduto de redes sociais mais abrangentes. Apesar de serem também consequências das estruturas sociais, não se restringem a isso e não podem ser definidas só assim, de vez que há uma sub-rede dialética mais profunda e complexa, dinâmica, recíproca e ambivalente, que articula sociedade e esporte. E é por aí que os agentes sociais, as pessoas, que têm capacidade e relativa autonomia para reagir, podem fazer diferente daquilo que "estaria determinado". Essa noção é uma das mais importantes para os objetivos deste livro.

Capítulo 10

Pierre Bourdieu (1930-2002)

Sua tese central está empenhada na tarefa de desvendar os mecanismos da reprodução social. Essa é uma tarefa complexa, a de identificar os instrumentos econômicos, políticos e ideológicos que existem para legitimar a reprodução da sociedade, isto é, para garantir a permanência dos seus sistemas de riqueza, de poder e suas formas de dominação.

Esses fatores da reprodução social e da dominação constituem a espinha dorsal da vida em sociedade. Bourdieu tinha claro o tamanho e a profundidade de seu objetivo. Para empreender essa tarefa, foi inovador, digamos, e exercitou sua originalidade como teórico, desenvolvendo conceitos sociológicos específicos. Aqui reside uma das forças de seu trabalho.

Sua abordagem procurou retirar do epicentro das análises sociais os elementos econômicos da existência material dos homens. Não os excluiu, mas relativizou-os, subtraindo-lhes a condição de "determinantes em última instância", como Marx e Engels, lembram-se? Entretanto, não ficou somente na crítica e na relativização daquilo que outros sociólogos disseram. Bourdieu trabalhava sem parar e era extremamente criativo. Essas duas características marcaram toda a sua obra acadêmica e intelectual. Produziu e publicou muito, sobre temas diversificados e com originalidade ímpar.

Agregou novos valores à interpretação sociológica, aprofundando a leitura científica da sociedade ao incluir outros conceitos como o de "violência simbólica", por exemplo, este de larguíssimo uso em inúmeros campos de investigação: mídia, educação, cultura, esporte, moda, literatura, gênero, televisão.

Fala complementarmente da "produção simbólica" e de seu caráter "funcional" como legitimadora das forças sociais dominantes, advogando certa intencionalidade dos símbolos. Defende que, na vida social, a imensa importância dos símbolos já é um indicador de que eles não são aleatórios.

Nas redes interativas que formam a vida em sociedade, as simbologias cumprem papel ideológico importante: legitimar as estruturas de dominação. Bourdieu adverte para o caráter político da legitimação do poder e sinaliza que este expressa, em verdade, os "gostos e preferências de classe" e determinados "estilos de vida", gerando assim, conforme suas formulações, uma "distinção social". Essa distinção ajuda a hierarquizar as relações, os grupos e as classes sociais e, desse modo, aponta para formas de poder e de dominação. De violência, também, poder-se-ia dizer? De violência, também, poder-se-ia dizer.

Bourdieu construiu um modelo de análise do mundo social metodológica e conceitualmente mais sistematizado que o da maioria de seus pares, os quais eram meio anárquicos. Todavia, em alguns instantes de seus trabalhos essa consistência e lógica cedem o lugar para considerações bem particulares. Digamos de outra maneira e bem simples: às vezes ele também fica meio anárquico em suas conceituações e métodos. Então, como o nosso livro se propõe a ser didático, vamos selecionar e tentar definir alguns dos principais conceitos de Bourdieu. Não todos, claro, é bom sublinhar, mas alguns dos que interessam mais diretamente aos profissionais da educação física.

Nessa perspectiva, "*habitus*" e "campo" são dois que merecem destaque. Filosoficamente, a sociologia de Bourdieu atualiza uma antiga discussão da história da ciência: as oposições e interações entre a objetividade e a subjetividade no processo de produção de conhecimento.

Habitus, por exemplo, é uma noção que atua mais ou menos como mediadora, tentando superar a dualidade que às vezes domina esse debate e que no fundo é de raiz epistemológica, ou seja, situa-se na esfera da filosofia da ciência, na teoria do conhecimento. Essa dualidade objetivo-subjetivo tem a ver com uma outra, entre indivíduo e sociedade, que tantas vezes influencia o chamado senso comum e também muitas teorias científicas.

Por isso nosso autor constrói o conceito de *habitus* como um instrumento que ajuda a pensar a relação, a mediação entre os condicionamentos sociais exteriores aos indivíduos e a subjetividade dos sujeitos. Trata-se de um conceito que, embora seja visto como "um sistema engendrado no passado e orientado para uma ação no presente", é sempre um sistema em constante adaptação e reformulação.

Habitus não é destino. *Habitus* é uma noção que auxilia a pensar as características de uma determinada identidade social e de uma experiência biográfica; um sistema de orientação que ora tende para o consciente, ora para o inconsciente. *Habitus* é uma matriz cultural que predispõe os indivíduos a fazerem suas escolhas. Esta última sentença é, a meu juízo, a melhor definição de *habitus*.

É um conceito básico para todos que trabalham com educação, seja escolar ou não escolar, na medida em que as matrizes e as identidades culturais que servem de referência às coletividades de um determinado local devem ser levadas em conta na hora de estabelecer objetivos, planejar, executar e avaliar os processos pedagógicos. Assim, o conceito de *habitus* é uma ferramenta necessária para a interação entre planos e programas de ensino-aprendizagem e matrizes culturais.

Os profissionais de educação física, que trabalham com práticas diretamente ligadas àquilo que tem a ver com o conceito de *habitus* e que por isso são tão motivadoras, especialmente para a infância e a adolescência, como o esporte, a dança e as representações, têm em mãos instrumentos pedagógicos muito importantes, mais até que os dos professores de outras matérias.

Este é um ponto que deve nos levar a repensar o papel e a importância do professor de educação física, ainda (e infelizmente) não tão valorizado ou até secundarizado no conjunto das disciplinas do núcleo comum das escolas, públicas ou privadas, particularmente de 1º e 2º graus.

Os conteúdos da educação física podem ter efeitos educacionais para além da própria educação física. Esta é uma matéria em si, com seus conteúdos programáticos, seus métodos e técnicas de transmissão e de avaliação, e pode (deve!) ser também o que chamo de linguagem auxiliar para as outras matérias.

Isso porque trabalha com aspectos tão sensíveis e fundamentais para o processo educativo como um todo. Ajuda a desenvolvê-los e a preparar os indivíduos para que recebam, assimilem e pratiquem criticamente conteúdos e valores considerados civilizatórios. Eis aqui uma dimensão ética da escola e da educação. E, quem sabe, talvez um novo e relevante papel social para o professor de educação física.

Agora, então, alguns (!) exemplos desses valores civilizacionais que articulam indivíduo e sociedade e que podem ser trabalhados na prática (eu disse na prática, o que sem dúvida é uma vantagem) das aulas de educação física e, por extensão, repercutir em outras disciplinas. Vamos a eles.

A assimilação, pelos indivíduos, de atitudes e sentimentos grupais, como as regras de convivência da pessoa com os seus coletivos; os limites entre o eu e o outro, o respeito mútuo, o trabalho em equipe, o planejamento das tarefas e a determinação de seus objetivos; a incorporação de regras e normas de trabalho, de convívio interpessoal e o respeito à lei; a igualdade de oportunidades, a criatividade, a liberdade, a aceitação das diferenças; a inclusão, a não discriminação, a redução do egocentrismo.

Tudo isso podendo ser dentro ou fora da escola, através da educação formal ou da informal. Em síntese, um terreno fértil de trabalho, mais de educador que de professor propriamente dito. Professor transmite conteúdos programáticos; educador trabalha valores, éticas, por intermédio da transmissão de conteúdos programáticos. Educação é diálogo, como preconizou Paulo Freire (1921-1997), um dos nossos maiores pedagogos. Diálogo que iguala e não hierarquiza as pessoas — "viver é conviver" (Carlos Drummond de Andrade, 1902-1987), lembram-se?

E podemos complementar: o diálogo, para ser fecundo, tem que motivar os interlocutores, envolver os indivíduos pelo gosto, pela novidade, pela beleza, pela paixão. Estes são fatores constitutivos das artes e dos esportes, e elementos do trabalho da educação física. E, para não se perder muito das possibilidades dessa prática profissional, faz-se necessário contextualizá-la numa reflexão sociológica mais ampliada — histórica, social e cultural.

Avançar um pouco mais

Perceber, observar, problematizar e investigar a "interiorização da exterioridade e a exteriorização da interioridade" é uma das dimensões da sociologia de Pierre Boudieu e um dos traços marcantes de sua metodologia dialética. Em outras palavras, é estudar os modos como as estruturas da sociedade se fazem presentes nos indivíduos, em forma de disposições duráveis, capacidades exercitadas e propensões sistematizadas para sentir, pensar e agir de acordo com aquelas maneiras esperadas pelo ambiente social dominante. Para ele a prática social — isto é, as relações sociais concretas — não é ditada de fora para dentro, em linha direta, da sociedade para dentro dos indivíduos (determinismo e objetivismo), nem de dentro para fora (determinismo e subjetivismo).

Antes de tudo é o resultado de uma correlação dialética (total, dinâmica, contraditória, conflituosa) entre a situação dada socialmente, o "campo" (visto por ele como um espaço social de dominação e conflito), e o "*habitus*" (visto por ele como um sistema de disposições e predisposições mais ou menos duráveis que integram muitas das experiências passadas). Por isso o *habitus* funciona como uma matriz de observações, percepções, apreciações, interpretações e ações nos diferentes momentos da vida social dos indivíduos. Bourdieu em vários de seus trabalhos aponta o *habitus* como um mecanismo autorregulador e propulsor da ação das pessoas enquanto agentes sociais.

O *habitus* precisa de um gatilho externo para ser disparado e não pode ser entendido satisfatoriamente se for visto isolado dos contextos sociais concretos e particulares, ou seja, dos campos onde se vê sua origem e desenvolvimento. Então, esses são conceitos angulares para a sociologia de Bourdieu. Ele próprio esclarece que uma análise mais completa exige uma associação entre a origem, a gênese e a estrutura (que são sempre sociais) do *habitus* e do campo, para depois, só depois, poder interpretar sua "confrontação dialética".

Aprofunda a noção de campo quando espalha sua investigação por diversos campos, como o jornalismo, a literatura, o esporte, a escola, a universidade, e pode assim demonstrar que "cada campo tem uma certa autonomia, bem como regras próprias de hierarquia e organização". Enfim, campo seria para ele um espaço, um contexto de relações entre grupos com distintos posicionamentos sociais. Espaço de disputa e jogo de poder.

Segundo Bourdieu, a sociedade é composta por vários campos, vários espaços dotados de relativa autonomia entre si, mas estruturados por regras próprias. Querem um exemplo da aplicação desse conceito-chave que é a definição de campo nas práticas desenvolvidas pela educação física e áreas afins? "Campo esportivo", por exemplo. Querem outro? "Campo escolar". O conhecimento de ambos é indispensável para muitas das atuações profissionais do formado em educação física.

Em *Homo academicus*, importante obra de 1984, Bourdieu, ao ampliar sua leitura dos diversos campos que formam a vida social, chega até a universidade. Investiga os seus grupos ocupacionais, nomeadamente os professores, mostrando a organização do espaço acadêmico — um campo — e suas competições, lutas e conflitos entre as várias disciplinas e projetos, além do academicismo do corpo docente, sobre o qual descarrega sua crítica. Não deixa de lado os jogos de poder, tão frequentes entre esses profissionais, em relação aos recursos materiais e linhas de financiamentos.

Esse item é particularmente importante para o nosso livro, na medida em que aborda as relações de força e os instrumentos de poder e hierarquia no interior das instituições de pesquisa e ensino superior, em última instância, as estruturas formadoras dos profissionais da educação física e da sociologia. A consciência crítica dos meandros da universidade e a militância (militância é igual a ação, igual a práxis) nas suas estruturas de poder, de resistência e luta, eis um bom exercício preparatório para a vivência de uma cidadania também crítica e combativa. Professores dos ciclos básicos de 1º e 2º graus, etapas de formação de crianças e adolescentes, têm uma grande responsabilidade cívica/política e devem se preparar minimamente para isso. Política, não partidária.

Nesse caso, a consciência política (eu disse política, não disse partidária) ajuda o planejamento e a execução dos processos educacionais. Os docentes de educação física devem estar atentos a esse sentido ideológico da escola, às vezes mais até que os de outras matérias, e isso porque lidam com conteúdos mais livres e motivadores, os mesmos que têm relação direta com o *ethos* do local, quer dizer, com as suas realidades e identidades culturais profundas. Identidades, e não identificações. Estão lembrados da diferenciação que fizemos antes?

Pois bem, em outras palavras, esportes, danças, corpo e representações, áreas de trabalho da educação física, ajudam a revelar e traduzir o lugar e a condição social em que estamos inseridos, e isto, claro, tem a ver com a nossa identidade. "Eu sou eu e a minha condição", disse o filósofo Ortega y Gasset. A história da filosofia e a história dos grandes pensadores clássicos, em diversos ramos do saber, estão repletas de considerações próximas a esta.

Mais do que muitos conteúdos das disciplinas formais, como a tabuada da matemática, as regras gramaticais da língua portuguesa, a "decoreba" em história e geografia, as práticas da educação física podem estimular a ação e a reação de pessoas e de grupos diante das realidades, isto é, podem ajudar a militância dos agentes sociais. Militância como atuação mais ou menos consciente, como práxis, este o sentido etimológico da palavra. Ajudar, mesmo que pouco, já é uma ajuda. E a palavra que foi escrita e ressaltada é ajuda, e não solução.

Bourdieu constrói uma teoria sobre a origem e o desenvolvimento das condições de atuação das pessoas nos "campos" baseada na herança social que está incorporada nos indivíduos, ou seja, os "*habitus*". Sua meta é estabelecer uma teoria sociológica das categorias que organizam e ajudam a explicar a "percepção do mundo social". Avança na leitura sociológica e aponta que a assimilação dessa herança, desses *habitus*, se dá em grande parte por acumulação de símbolos.

Os "bens simbólicos" (o "capital simbólico") junto com outros bens ficam inscritos não só nas estruturas e sistemas de pensamento (na "cabeça das pessoas"), mas também em seu corpo (o corpo como representação social), em sua gestualidade e em suas linguagens. Gestualidade e linguagens, expressões corporais e simbologias que são fundamentais para a compreensão das práticas constitutivas da educação física, dos esportes às danças, do folclore aos exercícios físicos, dos jogos às representações.

Bourdieu diz, ainda, que para se entender o esporte moderno é necessário estudar separadamente algumas de suas modalidades, conhecer melhor a posição ocupada por elas no "campo esportivo", ou seja, no espaço dos esportes, bem como a distribuição dos praticantes, segundo sua posição social.

E isso porque existem diferenças de prática esportiva, entre as classes sociais, entre esportes individuais sem grande sacrifício corporal (classes econômica e culturalmente "superiores") e esportes coletivos com maior parcela de sacrifício corporal, mais ligados às "classes subalternas". As diferenças têm a ver com os modos de percepção e o acesso aos esportes, que variam de classe para classe.

Alguns dados biográficos relevantes

Bourdieu nasceu no interior da França em 1930 e formou-se em filosofia em 1954 na École de Sociologie du Collège de France, instituição consagrada pelos maiores intelectuais de seu tempo. Professor em Moulins, serviço militar na Argélia e, a partir de 1960, professor assistente de Raymond Aron em Paris, momento em que volta o seu olhar de pesquisador e ensaísta para a sociedade e suas estruturas de poder, de dominação e simbologias. Em razão desses estudos, ingressa no Centro de Sociologia Europeia, onde faz carreira, projeta os seus trabalhos e se destaca.

A relação com Raymond Aron, erudito consistente e crítico ferino, foi decisiva para ele e favoreceu sua opção pela sociologia. Nas décadas de 1960 a 1980, desenvolveu uma produção intelectual farta e polêmica, contribuindo e muito para a formação do pensamento sociológico do século XX. A partir de fins dos anos 1970, sua influência se estende por muitos países, e sua atividade como intelectual e professor o leva a trabalhar em importantes instituições estrangeiras, como as universidades de Harvard e Chicago, nos EUA, e o Instituto Max Planck, de Berlim.

Bourdieu propõe uma espécie de sociologia da sociologia, reflexões sobre a formação do sociólogo e de sua atuação como crítico e construtor de um discurso sobre os fundamentos e as contradições do mundo social. Além disso, levanta uma série de questões e debates sobre o saber acadêmico e seus grupos de atuação profissional. Seu crescente peso intelectual o aproxima de nomes referenciais daqueles tempos, como Barthes e Foucault, e ele obtém o título de doutor *honoris causa* em universidades como a Livre de Berlim, a Johann Wolfgang Goethe de Frankfurt e a de Atenas.

Sem dúvida, Bourdieu é um dos autores mais lidos, debatidos e citados em todo o mundo no terreno da sociologia. Sua obra é uma referência, como dissemos antes, que está se tornando clássica ou efetivamente já se tornou, pelo eco e pela influência que consegue produzir. Dirigiu por um longo período a importante revista *Actes de la Recherche en Sciences Sociales.*

Criticava com rara lucidez os processos da globalização hegemônica e suas tentativas de pasteurização do mundo. Essa globalização é aquela que vem dos Estados Unidos? Sim, é ela mesma, diferente da outra, chamada de globalização contra-hegemônica. Lembra dos conceitos de globalização que estudamos lá atrás neste livro? Bourdieu questionava essa globalização "americanizada", bem como os seus mecanismos de sustentação política e ideológica.

Em outras palavras, ele se interessava preferencialmente pelos aspectos que tinham ligação mais direta com pontos decisivos de suas reflexões sociológicas, ou seja, as suas teorias da dominação e da reprodução social. Suas contribuições, como já dissemos, alcançam variadas áreas do conhecimento humano, como educação, política, comunicação, arte, antropologia, esporte, linguística.

Como é sabido, Bourdieu produziu ampla e influente obra científica, publicando muitos artigos, ensaios e livros que foram traduzidos para diversos idiomas. É um dos autores mais citados na sociologia e em outras áreas próximas, como a educação física. Sua metodologia de investigação considerou e integrou múltiplas dimensões de pesquisa e análise, como a simbologia, a dominação, a reprodução, a comunicação, a instituição, retirando o fator econômico (mas sem desconsiderá-lo) do centro das explicações sociais.

Especificamente em relação aos estudos e à interpretação sociológica dos esportes, podemos citar como seus trabalhos principais os seguintes: *Como é possível ser esportivo?* (1983), *Programa para uma sociologia do esporte* (1990), *Sobre a televisão, A influência do jornalismo* e *Os Jogos Olímpicos* (1997). Pierre Bourdieu morreu em Paris no dia 23 de janeiro de 2002.

Outros aspectos sociológicos

Bourdieu é considerado por alguns como um teórico estruturalista e construtivista que desenvolve uma sociologia do conhecimento voltada para a compreensão das produções sociais e simbólicas. Parte do princípio de que na existência dos homens em sociedade encontramos estruturas independentes da consciência e da vontade dos agentes sociais, das pessoas em seu dia a dia.

Ao mesmo tempo, defende que os padrões de observação, percepção, pensamento, escolha e ação (os *habitus*) são concebidos, construídos e produzidos socialmente pelas redes coletivas que se formam a partir das relações entre os homens, tal como as estruturas sociais (os campos).

Há sempre uma margem de ação e reação possível, no espaço das interações dialéticas (totais, dinâmicas, contraditórias e conflituosas), entre os indivíduos e o seu ambiente social. E é aqui, devido à competição, ao antagonismo e ao conflito, que se pode situar e entender o conceito de violência e mesmo de violência simbólica (indireta, invisível, sutil e que exerce uma função de legitimação da ordem social) em Bourdieu.

Esses conceitos de violência e violência simbólica são importantes para o quadro geral da sociologia de Bourdieu, bem como para as suas contribuições no âmbito de uma sociologia das atividades esportivas, tão relevante para as práticas da educação física.

A competição excessiva, as disputas acirradas e as agressões entre os atletas do alto rendimento, e os conflitos (diretos ou indiretos) entre as torcidas organizadas podem ser exemplos da aplicação desses conceitos de Bourdieu nas áreas de atividade dos profissionais em educação física. Isso sem falar no terreno da educação física escolar, onde por vezes, e guardadas as devidas diferenças, esses fenômenos também costumam acontecer. Veja o caso da chamada "violência *bullying*" (de *bully* = valentão, agressor) nas escolas — as gozações, as implicâncias, os apelidos, as agressividades, as plateias coniventes —, tão preocupante e pesquisada, hoje de modo transdisciplinar, por sociólogos, psicólogos e educadores.

Quando Bourdieu enfoca a questão dos "gostos culturais" e dos "produtos culturais", associando-os dialeticamente aos padrões de consumo dominantes — ser o "mais belo", o "mais atraente", o "mais poderoso", o "mais forte" —, ou a influência exercida pelos meios de comunicação de massa, ele está trabalhando sobre a violência simbólica.

Os fenômenos da "espetacularização", da construção de um "corpo perfeito", da magreza, da anorexia, da bulimia (realidades no nosso mundo), muitas vezes associados indevidamente aos esportes e a determinadas artes, como o balé, são do mesmo modo exemplos de possíveis contribuições das ideias de Bourdieu para a educação física. E são contribuições para as duas grandes áreas de pesquisa e trabalho profissional da educação física: a área da saúde e a área de cultura e sociedade, porque fazem uma interface, uma intercessão entre ambas.

As premissas sociológicas de Pierre Bourdieu, utilizadas em diferentes domínios do conhecimento, apresentam alternativas de interpretação extremamente fecundas para a leitura dos esportes modernos, suas instituições e os resultados de suas atividades. A ampla utilização dos trabalhos do autor nos círculos acadêmicos e não acadêmicos internacionais denota a importância de seu modelo teórico e de suas propostas e perspectivas.

Na atualidade, a sociologia de Pierre Bourdieu já é considerada clássica (ou quase) para o pensamento sociológico, segundo a opinião de muitos estudiosos e historiadores. Além disso, também são representativas as aplicações de suas ideias em variados temas de reflexão e em muitos setores, como os esportes e suas culturas, suas interações simbólicas, seus grupos e instituições sociais. Nessa perspectiva, trouxe à luz da sociologia a análise sobre a "natureza", a dinâmica e as fronteiras do esporte moderno.

Uma de suas pressuposições é que existe um conjunto de práticas e de consumos esportivos direcionados aos "agentes sociais", as pessoas concretamente observadas, em seus estilos de vida e valores. Esses "produtos esportivos" disponíveis encontram ou até mesmo criam uma demanda social que é dotada de uma lógica e de uma história próprias.

Jornais, revistas e reportagens esportivas (no rádio e principalmente na televisão), o material, o vestuário, o gosto, o espetáculo, o estilo de vida, o símbolo esportivo, bem como as diferentes condições e formas de "apropriação esportiva" ajudam a definir e a interpretar um determinado momento histórico, uma conjuntura social.

Devemos nos questionar e questionar as condições históricas e sociais desse fenômeno que é o esporte moderno. Como essas grandes instituições, direta ou indiretamente ligadas aos esportes, se tornaram possíveis e se constituíram ao longo do tempo, com suas contradições, interesses e suas estruturas de poder?

Outro aspecto interessante para o qual ele chama a atenção diz respeito ao conjunto de ocupações especializadas em torno do esporte e seus serviços — retoma Max Weber, aqui? Talvez. Profissionais de educação física, treinadores, árbitros, nutricionistas, médicos, fisioterapeutas, advogados, jornalistas, fotógrafos, técnicos em marketing, gestores, psicólogos, sociólogos, entre outros, fazem parte do mundo do trabalho esportivo, cada vez mais complexo e segmentado.

Nessa linha de raciocínio, Bourdieu defende que houve uma trajetória particular na história do esporte moderno. Esse percurso apresenta uma periodização peculiar e realidades próprias, inseridas em estruturas mais amplas, sim, mas que não podem ser reduzidas a outros acontecimentos históricos ou sociais, como, por exemplo, os rituais ou os jogos festivos, relevantes celebrações, mas que não dão conta das lutas, das regras, das lógicas, dos sentidos culturais e das especificidades do chamado esporte moderno.

Para Bourdieu, a transição histórica da cultura do jogo para a cultura do esporte passou por uma instituição que foi muito importante nesse processo: a escola. De início, as escolas da elite aristocrática e da alta burguesia, já que o esporte (o espírito amador do esporte) constituiu-se como um instrumento político de afirmação e diferenciação para as camadas sociais dominantes.

Em suas leituras e concepções ao redor do esporte moderno, necessárias a todos que trabalham com educação e esporte, Pierre Bourdieu de certa forma resgata conceitos da sociologia clássica de Max Weber, alguns deles já vistos neste livro. "Racionalidade", "modernidade", "automação", "quantificação", "calculabilidade", "regulamentação", "especialização", "regras institucionalizadas", "sociedades desencantadas".

Essas conceituações ajudam a perceber alguma influência weberiana nas contribuições sociológicas de Bourdieu no que concerne aos trabalhos do profissional da educação física, e auxiliam este a compreender melhor suas práticas, suas possibilidades e seus limites.

Repetir para reforçar e para não ter dúvida

Ao término deste capítulo, é importante frisar aquilo que já dissemos antes: que essas são apenas algumas indicações entre outras possibilidades de aplicação teórica dos clássicos fundadores da sociologia (e também daqueles contemporâneos, que já estão se tornando clássicos) ao mundo temático da educação física.

Indicações para alguma proposta de ensino-aprendizagem, para alguma linha de investigação ou para algum trabalho de intervenção social. Em outras palavras, indicações para o ensino, para a pesquisa e para a extensão, o trinômio dos objetivos da universidade, segundo o artigo 207 da Constituição brasileira promulgada em 1988, como já foi referido.

E que cada alternativa dessas (e outras tantas ainda possíveis) não seja empregada de maneira direta e linear. Sua utilização exige um grau mais complexo, mais aprofundado de problematização teórico-metodológica para que, através da mediação (que é necessária) e da adequação (que é recomendável), sejam evitadas as correlações mecanicistas ou imediatistas, naturalmente reducionistas e empobrecedoras.

A aplicação dos conceitos e dos conhecimentos gerais da sociologia como disciplina científica num âmbito específico confere grau de sociologia particular a esse campo real e concreto de fenômenos. Essas linhas de passagem do geral ao particular exigem aprofundamento e complexidade, amadurecimento de ideias e muita pesquisa, para que a nova área de estudos seja defensável. Assim é com qualquer novo campo de trabalho, inclusive com a sociologia aplicada às práticas componentes da educação física.

Capítulo 11

Pensamento social brasileiro e educação física

Uma introdução para grandes jogadas

Assim como fizemos um levantamento da sociologia clássica e de alguns autores contemporâneos que também já estão se tornando clássicos, para tentar ver suas possíveis contribuições às práticas da educação física, vamos procurar agora fazer o mesmo com a sociologia brasileira.

Esta era e é a nossa intenção. Porém, a tarefa foi se mostrando muito grande e sugerindo um trabalho específico, um novo livro, talvez. Uma nova obra, na mesma trilha desta que temos em mãos, mas tratando especificamente da sociologia do Brasil.

Um trabalho-resumo, como este, que contextualize teórica e historicamente as eventuais contribuições do pensamento social brasileiro aos profissionais da educação física e a seu universo temático — lúdico, esportivo, folclórico, artístico, corporal, mitológico.

À medida que o trabalho foi avançando e ficando complexo, não tive muitas dúvidas: o melhor mesmo seria escrever outro livro, dando sequência a este, para que a leitura do atual não ficasse pesada e para preservar a proposta original, de uma obra didática, tanto no conteúdo quanto na forma.

A sociologia brasileira é rica em possibilidades, e podem ser muitas as suas contribuições, o que certamente alongaria os trabalhos e talvez nos desviasse da estrada principal. Há diversos autores brasileiros que devem ser considerados e que serão considerados nesse futuro livro. Assim deve ser. Sua inclusão, se fosse feita agora, poderia atrapalhar os dois momentos do trabalho, o atual e o futuro.

Por esses motivos é que optamos, por hora, por escrever somente uma breve síntese de algumas contribuições substantivas da sociologia e de outros setores do pensamento social brasileiro à educação física, para no momento seguinte, aí sim, completarmos a nossa tarefa, com um novo livro mais detalhado, mais aprofundado.

No entanto, para não passar totalmente em branco, resolvemos abrir este breve capítulo. Repito: breve capítulo. Faz-se necessário frisar que agora será dado um pequeno passo, o qual anuncia e prepara o caminho maior do outro projeto.

A seleção dos autores que vamos apresentar obedeceu a um critério de natureza epistemológica, tanto na teoria quanto na metodologia. Em outras palavras, eles foram escolhidos pela importância de suas contribuições sociológicas para a construção dos espaços de ensino, pesquisa e extensão da educação física.

Não devemos nos esquecer que esse também foi o critério (epistemológico, confirmo) que norteou a seleção dos pensadores da sociologia clássica, bem como a seleção de suas obras e contribuições. E, como consequência, deverá ser igualmente o critério das seleções de pensamentos e pensadores do próximo livro, aquele antes referido.

Mas, aqui e agora, por onde começar? Nesse hemisfério do saber sociológico brasileiro, que é relativamente grande, quando se trata das possíveis ligações com aquelas práticas da educação física, quais os primeiros passos do estudioso, do pesquisador? Quais são os textos básicos da sociologia e do pensamento social brasileiro, em geral, que interessam mais diretamente aos profissionais da educação física e às suas práticas?

Fazer essa seleção dá trabalho e dá muita dúvida, exige empenho, cuidado, e traz à tona uma importante ressalva: nenhuma listagem é definitiva e está livre de acréscimos, substituições ou exclusões. Portanto, é uma tarefa complexa e polêmica. Escalar qualquer seleção é sempre complicado, ainda mais quando é "de todos os tempos". Uns são convocados; outros ficam de fora. Inevitável e discutível. Tal como no futebol, por exemplo, também na sociologia — e na vida — é grande o dilema da escolha. Mas vamos lá enfrentar essa questão.

Gilberto Freyre (1900-87)

Gilberto Freyre é considerado o nosso primeiro grande sociólogo. Muitos foram os temas de que tratou, desde a estrutura colonial brasileira até uma "sociologia da rede", na sociedade patriarcal do Nordeste, passando por estudos da nossa culinária, das enfermidades tropicais, da cachaça ("água ardente"), das frutas, da "imoralidade", indo até a debates teóricos profundos.

Sua variedade temática e sua escrita sofisticada, elegante e quase literária são marcas de sua obra como sociólogo. Autor de várias obras tidas como fundamentais para a compreensão do Brasil, entre as quais se destaca *Casa-grande e senzala*, de 1933. Esse livro é um daqueles indispensáveis para se entender os fundamentos da sociedade brasileira e o "nosso jeito de ser", o nosso *ethos*. Este é um consenso entre os estudiosos.

No Brasil, Freyre foi um dos primeiros cientistas sociais a valorizar e tematizar o futebol como objeto de estudo da sociologia e a indicar linhas de interpretação fecundas, tanto teórica quanto metodologicamente.

De sua vasta produção sociológica podemos destacar alguns trabalhos clássicos que prenunciam para o futuro uma sociologia do futebol, a partir do artigo *Football mulato*, publicado no *Diário de Pernambuco*, em 14 de junho de 1938, e não 8 de junho de 1938, como está no seu livro *Sociologia*, de 1945.

Esse artigo é o modelo de suas ideias, republicadas depois em *Problemas brasileiros de antropologia*, de 1943; em *Sociologia*, de 1945 (capítulo das sociologias especiais); em *Interpretação do Brasil*, de 1947; e no prefácio ao livro de Mário Filho, *O negro no futebol brasileiro*, de 1947.

O chamado relativismo cultural, originário de Franz Boas (1858-1942), cientista social de origem alemã, mas pioneiro da antropologia cultural norte-americana, foi desenvolvido por seus sucessores Alfred Kroeber e Ruth Benedict (1887-1948). Esta, penso eu, a mais brilhante entre todos os seus discípulos e que deixou uma marca na história da antropologia cultural, inclusive com influência nas ciências sociais do Brasil.

É dela e de *Patterns of culture* (1935) que o "nosso primeiro grande sociólogo", Gilberto Freyre, recebe uma fértil herança intelectual, o modelo apolíneo *versus* o dionisíaco, proveniente de Friederich Nietzsche, paradigma este que a autora transplanta da filosofia alemã para a antropologia dos EUA.

Estudioso pioneiro de nosso futebol, Gilberto Freyre, que fora discípulo de Ruth Benedict e por muito tempo residira e trabalhara na América do Norte (trabalhou e morou também em Portugal), traz a conceituação para a sociologia brasileira. Com ela dá início às primeiras e produtivas reflexões acerca desse esporte, tanto na comparação dos "estilos" inglês (formal/racional) e brasileiro (criativo/impulsivo) quanto naquilo que diz respeito à sua lógica dentro de campo.

O emprego desse instrumento teórico e metodológico, baseado nas figuras mitológicas de Apolo e Dionísio, destina a leitura de Freyre para uma medida cujo resultado é a "equilibração",[26] o que significa dizer que, nesse caso, os antagonismos não levam obrigatoriamente os sujeitos da ação para o conflito porque a existência de uma "igualdade original" nivela os agentes na condição de "adversários" entre si, e não de "inimigos" uns contra os outros.

Claro, não estamos livres de lutas, choques e agressões, até porque os esportes em geral estão dentro do fenômeno sociológico da competição antitética e agonística. Antitética vem de antítese, de contradição, de antagonismo; agonística é a luta incessante pela vitória, metáfora da luta incessante pela vida. Ambas são dimensões constitutivas das práticas do esporte, ou seja, fazem parte de sua lógica interna. Resulta daí, quem sabe, pelo menos parcialmente, o fenômeno da violência no esporte.

Contudo, onde a equilibração puder neutralizar a contradição, melhor. Entre os oponentes, na medida em que a funcionalidade do contexto

[26] Este conceito vem da filosofia dialética de Hegel e chega aos estudos da psicossociologia dos grupos pelos trabalhos de Kurt Lewin em dinâmica de grupo e na psicologia da *Gestalt*. É interessante notar que essas duas áreas de conhecimento, a *Gestalt* e a dinâmica de grupo, têm contribuído para a educação escolar como um todo e também para a educação física escolar.

exigir e impuser o sentimento necessário, quase obrigatório, de reconhecer o outro, de assimilar o sentido da reciprocidade e da convergência, os praticantes poderão (talvez) tornar-se mais pacíficos ou, no mínimo, mais reticentes, mais cuidadosos em não agredir ou violentar os outros. Aí temos a lógica e o sentido educativo do desporto, que estão na origem do *fair play* do barão de Coubertin, na reedição dos Jogos Olímpicos, no final do século XIX, em 1896.

Nosso sociólogo, inspirando-se na equilibração, seja interna à equipe, seja entre elas, lançou mão com arguta maestria do fator que deve ser a sua causa, isto é, a componente "igualdade de oportunidades", constitutiva dos esportes, principalmente do futebol. Esta que é uma de suas dimensões éticas pode tornar-se um poderoso instrumento de trabalho nas mãos do professor de educação física. É necessário pensar a respeito dela.

Tal "igualdade de oportunidades" é mais pregnante no futebol, devido à sua imprevisibilidade (seu grau de incerteza) e ao seu caráter mais democrático, ou seja, o futebol é a modalidade com maior abertura de chances para indivíduos de sociedades, culturas, classes sociais e até tipos físicos tão diferentes.

A possibilidade real de o futebol concretizar o ideal da democracia tem a ver com o fato de que qualquer um pode jogar o futebol e jogar bem. E isto, a prática tem demonstrado, sublinho, sem distinção de tipo físico, cor de pele, altura ou tipo de corpo, gênero ou opção sexual, faixa etária, classe social, cultura ou nacionalidade.

Compreender e preservar a ética dessa igualdade original e fundadora facilita a assimilação de um equilíbrio que em última instância é pacificador, que é civilizacional e que ajuda a neutralizar a violência, se bem explorado. A escola é um lugar privilegiado para trabalhar essa reflexão e experimentar sua aplicação. Em especial, nas práticas da educação física, de maneira genérica. Mais ainda nos jogos, nos esportes e bem mais no futebol. Portanto, não podemos deixar esse tipo de debate para depois.

Conforme falamos, a reflexão sobre os "jogos cooperativos", tão frequente na educação física escolar, tem alguns de seus fundamentos relacionados a esses aspectos de igualdade, equilíbrio e cooperação entre os praticantes. Entretanto, como também já referimos, a análise dos "jogos cooperativos" tem outras implicações e outras dimensões, tanto na teoria quanto na prática, passando pela metodologia.

Quando Gilberto Freyre escolheu os jogadores Leônidas da Silva e Domingos da Guia, nomes fundamentais daquele período (Copa de 1938) e de sempre, para interpretar o futebol no quadro geral da miscigenação e da cultura brasileiras, foi precisamente porque a interação "equilibrada" entre ambos compunha uma metáfora dessa modalidade, em analogia com o país. A "mestiçagem" constitui um dos paradigmas essenciais para se entender o Brasil e a importância cultural que damos ao futebol, segundo os parâmetros de sua sociologia.

Sílvio Romero (1851-1914), escritor e etnólogo, contribuiu para o pensamento social brasileiro. Pesquisador central do folclore e da literatura popular,[27] foi dos primeiros a estudar a influência cultural africana na formação do Brasil e criticava o romantismo por sua ênfase exagerada na influência da cultura indígena, no indianismo.

Seu caráter pioneiro em apontar a "mestiçagem" como elemento constitutivo da identidade nacional seria reconhecido até por Gilberto Freyre. O problema é que ele entendia a mestiçagem dentro de padrões biofisiológicos e deterministas, na ótica de uma antropologia física. No limite, acreditava na superioridade do "homem branco" para o exercício de qualquer atividade social.

Gilberto Freyre tinha uma visão diversa e, quando tomou esses dois jogadores como objeto de investigação, desejava expor certas tensões da vida social brasileira, no curso do entendimento de nossas identidades. E isso porque julgava serem eles os representantes dessa mestiçagem excluída, os grandes artistas da bola naquela conjuntura, por conseguirem jogar de uma forma diferente, criativa, inovadora e culturalmente brasileira, distinta do futebol de importação instalado na sociedade, prática das elites brancas e endinheiradas.

As tensões, ambiguidades e ambivalências em Freyre são, a meu juízo, ferramentas de uma análise dialética e não maniqueísta (maniqueísmo quer dizer separações muito rígidas, como sim e não, bem e mal, positivo e negativo). Portanto, Gilberto Freyre bota o dedo nas contradições formadoras da sociedade brasileira e o faz incorporando as intercessões, as

[27] Para melhores informações, ver Cascudo (1954), uma obra clássica da antropologia brasileira.

mediações e as relativizações, apesar de alguns críticos acharem que ele as entendia mesmo como dualidades, como dicotomias, com maniqueísmo, mais lineares e menos complexas.

Freyre é um sociólogo cheio de erudição, denso, profundo. Um pesquisador sensível e tarimbado. Não era simplista em suas investigaçõe e conclusões. Essas tensões da vida brasileira em geral aparecem em variadas conjunturas, pois fazem parte dos fundamentos de nossa formação social e, por isso, se manifestam também no futebol.

Tensões e embates entre o "estilo inglês" de jogar e o "estilo brasileiro", entre um futebol de brancos endinheirados e um outro praticado por pobres e negros. Tensões entre os defensores do amadorismo e os do profissionalismo. Entre relações autoritárias e relações democráticas. E todas essas (e outras) mais específicas do universo do futebol, claro, têm raízes em tensões e confrontos, mais ou menos semelhantes, na estrutura geral da sociedade brasileira.

Essas oposições (e suas mediações) que fazem pulsar a sociedade brasileira são modelares na sociologia geral de Gilberto Freyre. Ele escreveu, a partir do pioneiro *Casa-grande e senzala*, uma série de trabalhos clássicos nessa ótica, como *Sobrados e mocambos* (1936) — mesmo ano do imprescindível *Raízes do Brasil*, de Sérgio Buarque de Holanda (1902-1982) —, *Ordem e progresso* (1959) e *Jazigos e covas rasteiras*, este não concluído, pois teve os originais roubados. É dele também o delicioso *Um brasileiro em terras portuguesas* (1953), descrevendo o período de suas experiências e trabalhos socioantropológicos em Portugal.

Os estudos sociológicos que vieram após Gilberto Freyre e que estabeleceram correlações entre futebol, cultura e sociedade no Brasil acumularam considerável produção teórica e tempos depois ajudaram a definir uma nova área de ensino, pesquisa e intervenção profissional entre nós: a sociologia do futebol, institucionalizada a partir da década de 1990. É bom sublinhar que Gilberto Freyre foi um dos pensadores pioneiros da sociologia do futebol no Brasil.

Em seu estilo tão peculiar (literário?) de escrever páginas científicas, Freyre (1945:432) discursa sobre "os nossos passes, os nossos pitus, os nossos despistamentos, os nossos floreios com a bola, alguma coisa de dança e capoeiragem que marcam o estilo brasileiro de jogar futebol, que arredonda e, às vezes, adoça o jogo inventado pelos ingleses e por outros europeus jogado tão angulosamente".

Freyre percebia o futebol como um desses fatores densos da identidade coletiva, como exemplo de elemento identitário de uma comunidade simbólica, e foi por essa lente que focou suas observações pioneiras sobre os dois grandes craques do selecionado brasileiro de 1938. O primeiro, Leônidas (de pai português), negro dionisíaco e carnavalizado, "inventor da bicicleta", uma das jogadas mais acrobáticas de nosso futebol; o segundo, Domingos, mulato apolíneo e estoico, "inventor do drible curto dentro da área".[28]

De origem muito pobre, os dois são mitos do início da transição do futebol elitista e racista,[29] num país historicamente elitista e racista, para um futebol popular e democrático, na segunda metade dos anos 1930, em

[28] O drible talvez seja o aspecto mais distintivo do chamado futebol-arte "jogado à brasileira". Lembram do Dener, aquele jogador muito habilidoso (Portuguesa-SP e Vasco) que teve morte trágica num desastre de automóvel? Ele dizia que o drible é tão ou mais bonito do que um gol. É um grave equívoco confundi-lo com o *dribbling* do *association*, isto é, com o "drible" praticado nas origens do futebol, na Inglaterra. Originalmente driblar era passar a bola, a qual ia "gotejando" (de *to driblle*, babar, gotejar); depois adquiriu e consagrou outro significado: passar com a bola, ultrapassar o adversário junto com ela, "carregando-a". Historicamente podemos pensá-lo como um instante de "ruptura" com a origem inglesa do futebol, embora por lá também já tivesse se manifestado, mas não institucionalizado. Parece que foi mesmo o futebol brasileiro que institucionalizou o drible como técnica, como tática, como estilo. O drible pode ser visto como a opção por um jogo de contorno menos anguloso, mais ondulante, talvez artístico e, por isso, quem sabe, mais suave (menos violento?). É possível que resulte do diálogo desse "esporte bretão" com outros elementos da nossa "cultura sinuosa", como a capoeira, o samba, o samba de roda, o semba, o jongo, o lundu, o frevo. Vale mencionar que são procedentes dos povos bantos, as mais numerosas levas de negros africanos que chegaram ao Brasil sob o fluxo do escravismo, os quais tinham em sua milenar cultura o hábito do batuque associado a danças corporais e a tradição de um jogo de bola com os pés. Gilberto Freyre e Heitor Villa-Lobos, inspirados numa "estética da sinuosidade", pensaram em escrever um balé épico sobre o Brasil, baseado na ondulação dos canaviais. Pena: não o fizeram.

[29] É possível que justamente por causa do racismo em nosso futebol, um dos mais importantes escritores da literatura brasileira, Afonso Henriques de Lima Barreto (1881-1922), sempre preocupado com os sentimentos, os hábitos e a realidade do povo mais pobre e mestiço, tenha se voltado contra este desporto, chegando ao extremo de criar uma "liga antifutebol" no Rio de Janeiro. Em Murad (1999) e Murad (2007:27 a 29) há vários elementos de comprovação empírica do racismo no futebol brasileiro e uma resposta a eventuais tentativas de minimizar o peso das relações raciais em nosso futebol e também de minimizar a importância da obra de Mário Filho, *O negro no futebol brasileiro*, aqui citada. Dados do observatório da discriminação racial no futebol, ano de 2015: 41 episódios de racismo nos esportes brasileiros, de maneira geral, sendo 37 no futebol, destes, 24 dentro dos estádios. O estado com maior incidência foi o Rio Grande do Sul, com 9 casos.

especial na conjuntura da Copa do Mundo da França, em 1938. Leônidas (o "Diamante Negro") e Domingos (o "Divino Mestre") lideraram o selecionado brasileiro no Mundial de 1938, construindo um equilíbrio de estilos a tal termo, que foram glorificados à época e sempre lembrados com a mais distinta respeitabilidade, inclusive pelos adversários.

Diversos atletas de outras equipes declararam sua admiração pelos dois e mesmo a honra de terem tido a oportunidade de jogar contra eles. Leônidas e Domingos foram jogadores de rara habilidade no trato com a bola. Para utilizar expressões da linguagem futebolística em Portugal, "tinham perfume nos pés", eram "bons de pés". A história do futebol brasileiro não fez feio em relação a eles e os colocou em seu devido lugar, lugar de rara importância.

Queremos frisar que Gilberto Freyre foi um dos primeiros e mais importantes cientistas sociais no Brasil a reconhecer e tematizar o futebol como objeto de estudo e a indicar linhas interpretativas com riqueza teórica e metodológica.

Como já dissemos antes, num de seus livros mais importantes e umbilicais para a nossa cultura acadêmica, o clássico *Sociologia*, o autor desenvolveu suas primeiras noções concernentes à problemática, já formuladas em 1938 e 1943, as quais seriam ampliadas em 1947, no prefácio ao também clássico *O negro no futebol brasileiro*, de Mário Filho.

No livro mais do que clássico *Casa-grande e senzala* há referências a ancestrais jogos de bola indígenas em terras do Brasil que já demonstram, no plano imediato e mesmo indiretamente, o interesse sociológico do autor nas práticas lúdicas como elementos de um contexto social.

Para além desse plano imediato e no longo alcance, portanto, a preocupação de Freyre pode sugerir um olhar sobre a modalidade que acabou por tornar-se a mais popular e massiva do país, bem depois e em circunstâncias históricas e esportivas distintas, é claro. E um olhar comprometido, que ressalta o potencial pedagógico do futebol. Vejamos:

> uma contribuição ainda mais positiva do menino ameríndio aos jogos infantis e esportes europeus: a da bola de borracha por ele usada num jogo de cabeçada. Este jogo brincavam-no os índios com uma bola, provavelmente

> revestida de caucho que aos primeiros europeus pareceu de um pau muito leve; rebatiam-na com as costas, às vezes deitando-se de borco para fazê-lo. Dos jogos e danças dos selvagens do Brasil, vários tinham evidente intuito pedagógico; sendo de notar a quietação e amizade — em outras palavras o *fair play* — que o padre Cardim tanto admirou nos caboclos brasílicos de 1500. Nada de nome ruim ou pulha de um jogador a outro. Nada de chamarem nomes aos pais e mães. E é possível que, para fixar bem o contraste desse proceder com o dos meninos europeus, exagere o padre: raramente, quando jogam, se desconcertam, nem desavêm por cousa alguma e raramente dão uns nos outros, nem pelejam![30]

Ainda em *Casa-grande e senzala*, é interessante quando aborda a prática dos torcedores de futebol de se pintarem com as cores de seu clube. Para ele isso é um jeito de reeditar a celebração indígena da pintura dos corpos para os rituais, em geral os rituais de maior relevância social e religiosa. Especificamente em relação ao vermelho e preto (as cores de Exu?) do time mais popular do Brasil, o Flamengo (Gilberto era Vasco), faz correlações instigantes.

Para os ameríndios, essas cores geminadas, o preto e o vermelho, são as cores da prevenção das doenças, capazes de resguardar o corpo de influências maléficas, além de serem tonificantes, especialmente para mulheres grávidas e pessoas que trabalham em atividades muito exaustivas.

Além disso, são tons da felicidade, da magia e da atração da boa caça. Porém, mais do que tudo isso, são cores marcantes, porque são as cores da sedução e do erotismo, da atração e da paixão, mas pela magia, pelo inexplicável, e não por um motivo racional.

É impressionante, não é?

Além dessas páginas referidas, Gilberto Freyre desenvolveu intensa atividade intelectual como conferencista concorrido e concedeu muitas entrevistas na mídia. Sempre que possível, mencionava o futebol, tanto nas palestras como nas entrevistas.

[30] Freyre, 1963:193.

Também seus artigos para os jornais *Diário de Pernambuco* (diversos entre as décadas de 1930 e 1940) e *Folha de S.Paulo* (3 nov. 1977), bem como para a revista *O Cruzeiro* (18 e 26 jun. 1955) merecem nosso apontamento, porque falam de futebol e de seu alcance cultural, pedagógico e simbólico. Enfim, essas são as indicações bibliográficas de suas reflexões inaugurais, que marcaram época e fizeram "escola".

Outros precursores que podem ser citados

Como já foi dito e repetido, não se pretende neste livro aprofundar muito o capítulo do pensamento social brasileiro e suas possíveis aplicações às diversas práticas componentes da área da educação física. Este será objeto de um outro livro, específico. Isso porque entendemos que este e o próximo devem ser trabalhos de caráter mais didático e mais leve, se possível. Daí termos pensado em dividir a tarefa em duas. Todavia, não podíamos deixar passar em branco o nosso pensamento social e suas eventuais contribuições para a área referida.

Falamos um pouco mais detalhadamente de Gilberto Freyre por seu papel pioneiro e por sua relevância como sociólogo. Agora vamos citar ligeiramente (apenas ligeiramente) alguns outros autores que reconhecemos como importantes para os nossos objetivos, os quais pretendemos aprofundar na próxima obra.

Por um lado isto, mas por outro avaliamos que não seria de bom tom, nem de boa didática, deixar tudo para depois e não falar minimamente nas contribuições brasileiras. Assim o leitor poderá agora se situar de forma razoável e, se quiser se aprofundar (somente se quiser, repito, já que uma base estará dada), aí sim, deverá ir ao encontro do novo livro.

Vamos agora listar alguns nomes provenientes de vários segmentos da *intelligentsia* brasileira, de dentro ou de fora das universidades, sociólogos ou não, que direta ou indiretamente auxiliaram esses diálogos entre a sociologia e a educação física. Diálogos, como já dissemos, necessários e intransferíveis, e a respeito dos quais estamos formulando apenas algumas poucas notas introdutórias que podem e devem ser amplificadas por outros estudiosos e pesquisadores, tanto da sociologia quanto da educação física, ou mesmo de áreas afins.

Não temos a pretensão de esgotar o assunto (também já falamos disso), mas apenas contribuir com uma visão do problema. Esta é a visão de um sociólogo que trabalha na área de educação física desde 1986 — esperei a maioridade para publicar as ideias acumuladas? Uma visão, e não a visão; mais uma visão, melhor dizendo. Que venham outras. E outras das duas áreas, que se encontram em processo de diálogo e troca de experiências. Processo riquíssimo, na teoria e na prática, para os dois campos de conhecimento, bem como para os seus profissionais.

Rui Barbosa (1849-1923), advogado, expoente da vida pública brasileira, de renome internacional. Político (candidato derrotado duas vezes, em 1910 e 1917, à presidência da República), intelectual e notável da cultura jurídica, de fama e prestígio reconhecidos. Atuou com grande brilho na área da diplomacia e foi chamado de "A Águia de Haia", pois defendeu, na Conferência Mundial de Haia em 1907, na Holanda, *o princípio da força do direito contra o direito da força.*

Autor do nosso primeiro Código Civil, em 1916, junto com Clóvis Beviláqua (Lei nº 3.071, de 1º de janeiro de 1916, que entrou em vigor em 1917, após 15 anos de discussão no Congresso Nacional), foi um dos pioneiros de nosso pensamento social a sinalizar o valor dos esportes e da educação física para as culturas e para as sociedades. Aliás, Rui Barbosa é considerado o patrono da educação física na América Latina.

Rui Barbosa mergulha no projeto da reforma geral do ensino, proposta por d. Pedro II, em 1872, devido à grave constatação de que o país tinha quase 83% de analfabetos, de acordo com os dados oficiais do primeiro censo brasileiro, publicado naquele mesmo ano. Para uma população, à época, de cerca de 10 milhões, apenas algo em torno de 150 mil estavam na escola.

Quando o imperador vai à Câmara para divulgar suas preocupações e pretensões de melhorar o ensino nacional, o jovem Rui Barbosa foi um dos deputados mais atentos e entusiasmados do plenário. A partir daí, desenvolveu estudos e propostas pedagógicas em diversos níveis da escola fundamental, inclusive na área da educação física e dos esportes.

Então, a partir de 1872, a aula de "ginástica" (assim era chamada a educação física) passa a ser uma recomendação para o currículo da escola primária, do ensino fundamental no Brasil, por projeto dele, ideia que já vinha de 1871.

É de Rui Barbosa, também, o parecer a respeito do projeto sobre a reforma do ensino primário e da instrução pública, de 1882, que preconiza (agora com força de lei) a educação física para ambos os sexos, já que antes esse era um direito apenas dos homens. Esse parecer de 1882 teve a coragem de enfrentar questões de alto valor sobre gênero e educação física escolar, ainda hoje tão debatidas, também, pela sociologia.

Rui destacava a importância social e educativa dos esportes, particularmente para a infância e a juventude. Entendia a formação esportiva como uma das dimensões mais relevantes da formação geral do cidadão pleno. Só isso já seria suficiente para demonstrar sua contribuição às nossas pesquisas, aqui relatadas, que procuram analisar os diálogos possíveis entre a sociologia e a educação física.

Segundo Francisco de Assis Barbosa (1914-91), historiador e presidente da Casa de Rui Barbosa, no Rio de Janeiro,

> Rui Barbosa era um entusiasta dos desportos e de seu caráter educacional. Considerava-os como o lugar da prevalência do mérito e dos ideais de igualdade, na medida em que as condições igualitárias, ponto de partida de suas práticas, eram altamente estimuladoras de uma fraternidade ética. Para ele, os jovens precisavam dos esportes, para que no futuro se tornassem adultos melhores. Imagino não estar muito distante da verdade, ao admitir a hipótese e pensar que para Rui o desporto pode funcionar como um antídoto à sua angústia, aquela entranhada em seu pensamento mais brilhante, a meu juízo: "de tanto ver triunfar as nulidades; de tanto ver crescer as injustiças; de tanto ver agigantar-se o poder nas mãos dos corruptos, o homem chega a desanimar-se da virtude, a rir-se da honra e a ter vergonha de ser honesto".[31]

[31] Depoimento prestado em 1990 ao Núcleo de Sociologia do Futebol, do Departamento de Ciências Sociais da Uerj.

Bem mais de um século depois dessas iniciativas, a realidade das condições de trabalho dos professores de educação física nas escolas brasileiras, deixa muito a desejar, é lamentável mesmo. De acordo com estudos do Conselho Federal de Educação Física, com base em pesquisas do Ibope, de 2018, cerca de 50% das escolas brasileiras não têm espaços próprios, estrutura adequada, para as aulas de educação física.

Fernando de Azevedo (1894-1974), um dos precursores da educação brasileira, signatário (junto com Anísio Teixeira, Lourenço Filho, Cecília Meireles, Hermes Lima, Júlio de Mesquita Filho, Afrânio Peixoto, Paschoal Leme, Heitor Lira e outros) e redator do *Manifesto dos pioneiros da Escola Nova* (1932), já em 1920 propôs a criação da primeira praça pública de jogos infantis (e atividades físicas), em São Paulo. Mas somente após a Revolução de 1930, comandada por Getúlio Vargas, é que os espaços esportivos comunitários alcançariam relevo na paisagem brasileira.

Em seus trabalhos, Fernando de Azevedo, sociólogo e pedagogo, frisou reiteradamente a importância educacional dos esportes (e, por consequência, da educação física), de maneira geral, e destacou a qualidade de socialização presente nas atividades esportivas comunitárias.

Em relação ao futebol, especificamente, foi um dos primeiros teóricos de respeitado conceito nas ciências sociais do Brasil a chamar a atenção para o seu valor socioinstitucional, educativo e psicodinâmico.

Demonstrou que, desde a metade da segunda década do século XX, as peladas de rua (paralelamente aos esportes escolares), no Rio de Janeiro e em São Paulo e, depois, em todo o país, enraizaram o futebol na "cultura popular" e transformaram-no em atividade comunitária de alto teor sociológico. Seu livro *A evolução do esporte no Brasil — 1822/1922* é uma obra de rara importância no assunto dos esportes no Brasil.

Fernando de Azevedo foi diretor-geral da Instrução Pública do Distrito Federal (1926-30), diretor-geral da Instrução Pública do Estado de São Paulo (1933), diretor da Faculdade de Filosofia, Ciências e Letras da Universidade de São Paulo (1941/42) e membro de seu Conselho Superior por mais de 12 anos, desde a fundação da universidade. Nesses cargos e em suas reflexões teóricas, sempre se preocupou em valorizar a pedagogia esportiva e os trabalhos, exercícios e vivências da educação física escolar.

O *Manifesto dos pioneiros da Escola Nova* termina com um parágrafo que revela bem o peso que Fernando de Azevedo dá à educação e ao seu caráter social. Para ele a escola deveria ser considerada a mais importante das instituições, a mais valorizada social, política e culturalmente. E isto, dizia, no geral, em relação a "todas as áreas educacionais, a todas as matérias", já que a escola deve ser uma "totalidade", uma espécie de "representação coletiva", cuja origem deve ser encontrada e entendida na "consciência coletiva" das sociedades.

Estes são conceitos, como já vimos aqui, formulados, desenvolvidos e aplicados por Durkheim em diferentes campos de sua sociologia geral. São conceituações clássicas. Além de sua importância na fundação da sociologia como ciência, esses conceitos de "representação coletiva" e "consciência coletiva", também como já vimos, ajudam a construir uma sociologia especial das práticas corporais, esportivas e da própria educação física.

Considerando que essa sociologia especial, mencionada antes, é a nossa meta neste livro, as contribuições de Fernando de Azevedo sem dúvida ajudam esse intercâmbio de conhecimentos e experiências, mais ainda pelo fato de ele privilegiar a escola como o lugar das aproximações teóricas e práticas entre a sociologia e as outras matérias ali presentes, como a educação física, por exemplo.

Enquanto educador e sociólogo, Fernando de Azevedo foi influenciado pelo pensamento de Émile Durkheim, tendo sido, inclusive, um de seus principais divulgadores no Brasil. E não por acaso, já que Durkheim foi um dos clássicos que mais valor deram à educação, lançando as bases do que mais tarde seria a sociologia da educação, que é uma das áreas mais importantes na história do pensamento sociológico.

Vamos, então, ao parágrafo final do *Manifesto*, por sua importância, atualidade e significado. Além disso, também como amostra de força da sociologia geral de Fernando de Azevedo e de sua possível aplicação ao terreno escolar, onde há um encontro potencial e um diálogo fecundo a serem descobertos, assumidos e praticados pelos profissionais da sociologia e da educação física.

> Mas, de todos os deveres que incumbem ao Estado, o que exige maior capacidade de dedicação e justiça e maior soma de sacrifícios; aquele com que não é possível transigir sem a perda irreparável de algumas gerações; aquele em cujo cumprimento os erros praticados se projetam mais longe nas suas conseqüências, agravando-se à medida que recuam no tempo; o dever mais alto, mais penoso e mais grave é, de certo, o da educação que, dando ao povo a consciência de si mesmo e de seus destinos e a força para afirmar-se e realizá-los, entretém, cultiva e perpetua a identidade da consciência nacional, na sua comunhão íntima com a consciência humana.

Mário de Andrade (1893-1945), pensador, poeta, escritor e liderança modernista de fôlego, dedicou-se aos estudos do folclore, da dança e da musicografia brasileira. Publicou, entre inúmeros outros trabalhos a partir de 1933, os conceituados *Música do Brasil* (1941) e *Danças dramáticas do Brasil* (1959).

Mário estudou música e canto e diplomou-se em piano pelo Conservatório Dramático e Musical de São Paulo, onde foi professor catedrático de história da música e de estética. Sua formação em música foi erudita, de alta estirpe mesmo. Entretanto, usou todo o conhecimento de que dispunha para pensar a música popular brasileira, em especial suas manifestações ditas de raiz.

Como poucos, mapeou e investigou a fundo nossas identidades musicais. Seus trabalhos nesse ramo tornaram-se clássicos, e suas opiniões, muito respeitadas. Até hoje é uma referência quando se trata da história do samba, por exemplo.

Originário do semba, a umbigada afro-brasileira, com sua marcação típica de uma batida longa e duas breves, esse ritual produziu mais de 30 modalidades só no Brasil. A fecundidade múltipla da "cultura popular" brasileira encantou Mário de Andrade e foi a marca de sua grande obra de pensador e intelectual de nossa gente e de nossas coisas.

É bom observar que ele foi um ativo militante da animação cultural brasileira, tendo criado, em 1937, junto com Dina Lévi-Strauss (mulher de Claude Lévi-Strauss), em São Paulo, a Sociedade de Etnografia e Folclore (Sociedade de Etnologia e Folclore, a partir de 1939), com vistas a "aproximar os temas populares da vida acadêmica e a vida acadêmica dos temas populares". Valorizava, como poucos, as culturas de nossa terra e sempre defendeu que elas deveriam ser estudadas a fundo pelas escolas e universidades.

Era um crítico da passividade de nosso sistema educacional, alienante, segundo sua opinião. Passividade e alienação que atingiam todas as faixas da escolarização, desde o ensino fundamental até o superior. Suas pesquisas e artigos, publicados em jornais e periódicos especializados, não se omitiam. Conscientemente, passavam um pente fino na estrutura cultural do país e conclamavam os professores a assumir a tarefa inadiável de incorporar as "manifestações populares" em suas atividades.

Mário discorreu, com a eloquência de seu discurso competente, sobre lendas, mitos, jogos, danças, cantos, representações do corpo, religiosidades, simbologias e até sobre o "jeito sambístico".[32] de se jogar o futebol entre nós numa crônica de 1939, intitulada "Brasil-Argentina".

Desenvolveu, por intermédio duma leitura mitológica, a análise de como se dá o diálogo entre as linguagens da música popular e da dança com a do futebol no Brasil. Chamou a atenção para o modo "sinuoso e original" de se jogar o futebol por aqui (esse "bailado mirífico") e ressaltou que isso era uma expressão cultural de nossa sociedade, basicamente das camadas mais pobres.

Em sua primeira viagem de estudos e trabalho a Minas Gerais, Mário de Andrade descobre o barroco mineiro e acima de tudo a sua importância como uma metáfora possível da cultura brasileira. A riqueza e a sofisticação dos detalhes, a abundância de elementos, os trejeitos, arabescos e maneirismos que podiam ser vistos em síntese no barroco de Minas se manifestavam aqui e ali, no erudito e no popular do Brasil.

Erudito e popular que, entre nós, interagiam e se misturavam (e ainda interagem e se misturam) em interfaces tão evidentes que poderiam (e podem) servir de modelos para o "questionamento filosófico" das dicotomias (separações rígidas) que muitas vezes limitam (e pior, hierarquizam) as reflexões e os temas dessas duas dimensões da história cultural dos povos.

[32] Pedrosa, 1967.

Dos povos, de maneira geral, no Brasil também. A produção e reprodução de preconceitos em relação às "coisas do povo" são muito visíveis e devem ser enfrentadas. Era o que Mário defendia. Em seus pensamentos. Em sua militância.

Em nossas representações culturais coletivas, são vários os exemplos que podem ser citados desse encontro tão constante e produtivo entre o chamado erudito e o chamado popular, os quais devem sempre ser escritos entre aspas.

Apenas para citarmos um caso: a literatura de cordel e os autos portugueses, que se fundem na sofisticada literatura dramatúrgica — erudita e popular ao mesmo tempo — de Ariano Suassuna, um de nossos maiores pensadores, escritores e agitadores culturais.

E se quisermos citar outro bom exemplo, retirado da própria obra de Mário de Andrade, podemos indicar (há outros) as suas "viagens etnográficas" por diversas regiões do Brasil, nas quais coletava importante material do nosso folclore.

Essa vivência *in loco* das múltiplas realidades simbólicas da população brasileira ajudaram a amadurecer o seu lado "mais intelectual" de pensador e o seu estilo "mais popular" de escritor. *Macunaíma*, seu famoso romance de 1928, talvez seja o melhor resumo do que acabamos de dizer.

Um dos diretores da linha de frente do nosso cinema, Joaquim Pedro de Andrade, considerado uma autoridade na área e, junto com outros realizadores, um dos "pais do cinema novo brasileiro" (movimento revolucionário na sétima arte do Brasil, a partir de 1955, com o filme *Rio 40 graus*, de Nelson Pereira dos Santos), filmou *Macunaíma* (1969), *Garrincha, alegria do povo* (1963) e *O mestre de Apipucos* (1959), sobre o cotidiano de Gilberto Freyre. Apontamentos que foram citados porque todos têm relação direta com os temas sobre os quais estamos conversando.

Mário de Andrade deixou uma grande e relevante herança, sempre defendendo a criatividade e a cultura ditas populares no Brasil. Valorizou essas produções, mostrando que, além de fenômenos culturais do país, eram instrumentos para a compreensão de nossa sociedade e de nossa formação. Destacou o papel da escola e dos professores no processo de valorização, difusão e assimilação de nossa "cultura popular".

Então, podemos concluir que suas contribuições são importantes — diretamente, para uma sociologia geral do Brasil, e indiretamente, para uma sociologia específica das práticas da educação física, já que enfocou e valorizou temáticas que fazem parte de seu campo de ação e de reflexão.

Câmara Cascudo (1898-1986), antropólogo, advogado e jornalista brasileiro, mas acima de tudo folclorista, como ele mesmo gostava de frisar. Um dos pioneiros dos estudos dos temas populares e de sua valorização como matéria nobre de pesquisa e de ensino. Dedicou toda a sua vida à cultura brasileira, como estudioso, escritor e pensador. Produziu muito e ajudou a criar uma tradição de se pensar o Brasil pelo enfoque de sua cultura de raiz.

Lendas, mitos, ritos, jogos, brincadeiras, representações, palavras, expressões, gestos, artesanatos, crenças, tradições, comidas, bebidas, danças, cantigas, nada lhe escapou. Seu olhar atento ao mapear nossas manifestações culturais alcançou um patamar de clássico.

Não é possível estudar a "cultura popular" brasileira sem passar por sua obra, mesmo que parcialmente. Defendeu, com seu prestígio e autorizada voz, nossos artistas e criadores, nossas artes e criações. E não tinha dúvida: não se compreende direito o Brasil deixando de fora a cultura de "sua gente", de suas camadas sociais mais humildes.

Sua extensa obra chegou a diferentes domínios de conhecimento e tem sido recuperada de modo crescente. O conjunto de seus trabalhos reúne mais de 30 livros, muitos artigos e textos de conferências, com notável reconhecimento nacional e internacional.

O *Dicionário do folclore brasileiro* (1954) é sua obra mais relevante e mais citada. Como obra socioantropológica, acho importante a sua indicação para a formação em educação física porque ajuda o profisional a contextualizar diversos fenômenos culturais na história, na sociedade, nas instituições.

Além disso, como Luís da Câmara Cascudo se dedicou profundamente às culturas e manifestações regionais, especialmente do Nordeste brasileiro, creio que a educação física escolar pode se beneficiar muito de seu trabalho. Isso porque nossos alunos da rede pública de ensino, principalmente de São Paulo e do Rio de Janeiro, em grande parte moradores de áreas carentes, são filhos e/ou netos de nordestinos cujas famílias ainda tentam — apesar de ser difícil — preservar e transmitir para seus descendentes alguma coisa de suas culturas originais. Quem conhece a periferia dessas metrópoles sabe o que estamos dizendo.

Por isso o conhecimento de regionalidades do Nordeste auxilia o professor a criar vínculos e identificação com boa parcela de suas turmas. Ajuda também os professores a descobrirem alternativas de trabalho pedagógico, a partir das realidades e das identidades dos alunos e de seus referenciais familiares. Os estudantes e seus pais costumam se sentir valorizados por isso, o que traz efeitos positivos em diversas instâncias.

Da vasta bibliografia de Câmara Cascudo escolhemos alguns títulos que podem contribuir para o trabalho educacional desenvolvido pelos professores de educação física dentro e fora do ambiente escolar. Esses textos ajudam também a escolher termos, expressões e discursos, originários da vida cultural dos alunos, para fins de análise e como "palavras geradoras", no sentido dado por Paulo Freire, talvez o nome mais expressivo da pedagogia brasileira. De acordo com ele, palavras geradoras são palavras e expressões que têm a força de representação coletiva e, por isso, podem desencadear a reflexão (a leitura do mundo) e o processo de ensino-aprendizagem (a leitura do texto).

Então, vamos às publicações selecionadas de Luís da Câmara Cascudo. Importa reforçar que a sua obra é tão grande e variada, que acaba dando conta de muitas ou de quase todas as raízes de nossas "culturas populares". Vale dizer, igualmente, de nossas identidades coletivas. O Brasil é muito grande e diversificado, e a produção intelectual de Câmara Cascudo, como poucas obras entre nós, procurou investigar esse extenso cenário de nossa realidade multicultural, de nossa diversidade. A lista a seguir, por si só, é uma comprovação do que acabamos de dizer.

Histórias que o tempo leva (1923); *Viajando o sertão* (1934); *Lendas brasileiras* (1945); *Contos tradicionais do Brasil* (1946); *Geografia dos mitos brasileiros* (1976); *Literatura oral no Brasil* (1952); *Dicionário do folclore brasileiro* (1954); *Tradições populares da pecuária nordestina* (1956); *Jangada* (1957); *Jangadeiros* (1957); *Superstições e costumes* (1958); *Rede de dormir* (1957); *Folclore no Brasil* (1967); *História da alimentação no Brasil* (1963); *Coisas que o povo diz* (1968); *Nomes da Terra* (1968); *Prelúdio da cachaça* (1967); *Locuções tradicionais no Brasil* (1970); *Ensaios de etnografia brasileira* (INL, Brasília, 1971); *Sociologia do açúcar* (MIC, Brasília, 1971); *Tradição, ciência do povo* (1971); *Religião no povo* (1974); *História dos nossos gestos* (1976); *Antologia da alimentação no Brasil* (1977); *Superstição no Brasil* (1985).

João Lyra Filho (1906-88) é um dos mais prestigiados eruditos das ciências jurídicas brasileiras, com incursões significativas em nossas ciências sociais. Com seu conhecimento profundo dos clássicos da sociologia e do direito, estabeleceu diálogos entre essas duas áreas de saber, tornando-se um dos mais eminentes precursores da sociologia jurídica em nosso país. Do mesmo modo, articulou a sociologia e a psicologia aos esportes, ampliando o alcance dos estudos e das práticas desportivas no Brasil.

Nessa perspectiva, escreveu livros importantes, que têm tudo a ver com o objetivo central do presente trabalho, como sabemos, a interface entre a sociologia e a educação física. De acordo com essa ótica, seus principais livros são os que seguem abaixo.

A função social dos desportos e *Vade mecum do jogador de futebol: normas, regras e atos disciplinares* (ambos de 1941); *Raça, educação e desportos* (1942); *Proteção do Estado aos desportos* (1944); *A mulher e os desportos*, *Desportos, influências sociológicas*, *A explicação dos desportos no Brasil* e *Desportos e educação social* (todos de 1944); *Introdução ao direito desportivo* (1952); *Taça do Mundo* (1954); *Introdução à sociologia dos desportos* (1973); *Introdução à psicologia dos desportos* (1983).

Sublinho que João Lyra Filho foi o coordenador do grupo de trabalho que elaborou a nossa primeira legislação esportiva e foi o redator do texto final (1941). Isso em pleno Estado Novo (período da ditadura de Getúlio Vargas, de 1937 a 1945) e no contexto da II Guerra Mundial. Por isso é considerado o pai do direito e da legislação desportiva brasileira.[33]

[33] Em 19 de janeiro de 1939 foi promulgado por Getúlio Vargas o Decreto-Lei nº 1.056, que criou a Comissão Nacional de Desportos, com a finalidade de realizar um minucioso estudo da realidade brasileira e apresentar um plano de regulamentação jurídica para todo o país, o que resultou na primeira legislação do esporte nacional, sob a batuta de João Lyra Filho. Ao que parece, há consenso entre os especialistas em afirmar que o direito desportivo teve sua origem última na Grécia antiga, na medida em

Também foi alto dirigente esportivo: da delegação brasileira na Copa de 1954, na Suíça, e do Botafogo Futebol e Regatas.

Quando reitor da Universidade do Estado do Rio de Janeiro (então UEG), no início dos anos 1950, criou o primeiro curso de capoeiragem em universidade brasileira, com o intuito de comparar as linguagens rituais do futebol e da capoeira:

> O destino permitiu-me comprovar este meu juízo na prática das iniciativas do meu tempo de reitoria na Universidade do Estado da Guanabara. São daquele tempo a criação de um centro de desportos e a montagem de um curso de capoeira. Eram quase 500 os alunos que freqüentavam o referido curso, dentre os quais mais de 100 do sexo feminino.[34]

Seu livro *Introdução ao direito desportivo* é a primeira obra do gênero em toda a América Latina. Em consequência, é considerado também por muitos (não por todos) como o pai do direito esportivo latino-americano.

A propósito de seu livro *Introdução à sociologia dos desportos*, Gilberto Freyre disse que é uma lição densa, de fôlego e de largo alcance. Chamando João Lyra Filho de sociólogo, Gilberto Freyre falou que ele era o maior mestre brasileiro na matéria, um verdadeiro mestre em sociologia do direito.

Mário Filho (1908-66), jornalista, pesquisador e escritor de importância decisiva para a história de nossos esportes, particularmente o futebol, e das reflexões sociais em torno das práticas esportivas. Fundador do jornalismo esportivo no Brasil, deixou uma obra de peso para as nossas teorias sociais.

Seu principal livro, um clássico na acepção da palavra, é *O negro no futebol brasileiro* (1947), já citado aqui. Texto relevante para uma compreensão dos fundamentos históricos e sociológicos de nossa realidade, a partir das relações sociorraciais presentes no futebol brasileiro.

---

que os jogos eram arbitrados pelo *hellanodice*, o juiz, com a presença do *alitarco*, a autoridade policial.

[34] Lyra Filho, 1973:315.

É grande a influência de Gilberto Freyre, a quem o autor convidou para prefaciar a obra. O prefácio de Freyre tornou-se uma página igualmente clássica, antológica, da "pré-história" de uma sociologia do futebol no Brasil. Ambos tinham uma admiração recíproca.

Gilberto considerava Mário o "verdadeiro sociólogo" do futebol brasileiro e via com bons olhos sua qualidade de pesquisador, suas etnografias densas e seu empenho nas observações participantes. Admirava a quantidade e a qualidade dos levantamentos empíricos acumulados por Mário Filho, além de sua escrita solta e rica, literariamente. Gilberto também valorizava o bom tratamento da língua portuguesa, característico de seus textos.

Mário via em Gilberto o aval científico ao seu trabalho de pesquisador e ensaísta, daí o pedido para escrever o prefácio. Reconhecia o domínio que Gilberto tinha dos instrumentos teóricos e metodológicos das ciências sociais, nomeadamente da sociologia, da antropologia e da história, conhecimento que ele próprio considerava ser uma lacuna de sua formação autodidata e meio anárquica. Foi José Lins do Rego quem apresentou um ao outro, já prevendo essa parceria, que afinal não foi tão grande nem contínua, mas foi profunda, no pouco que produziu. Então, vamos falar um pouco dele.

José Lins do Rego (1901-57) também era do ramo, do ramo dos esportes e do futebol. Considerado o nome mais importante da literatura brasileira, entre tantos que contribuíram para o processo de valorização e construção de uma sociologia das práticas esportivas, principalmente do futebol.

"O conhecimento do Brasil passa pelo futebol", declarou. Autor do primeiro grande romance da literatura brasileira (*Água mãe*, 1941) ambientado no universso social do futebol, é um destaque nesse domínio, entre nossos maiores escritores.

Foi ensaíta e cronista esportivo, com pronunciado relevo e participação nessas áreas de conhecimento. É célebre o seu prefácio ao livro de Mário Filho, *A Copa Rio Branco de 32* (1943), além das 1.571 crônicas, croniquetas na verdade, publicadas entre março de 1945 e julho de 1957 na coluna "Esporte e vida" do *Jornal dos Sports*, do Rio de Janeiro.

Sugeriu sempre que através do futebol seria possível fazer uma psicanálise da vida brasileira. Edilberto Coutinho, escritor e pesquisador fundamental, é o autor do primeiro grande livro (não o único) sobre as crônicas esportivas de José Lins do Rego. Estamos falando de *Zé Lins, Flamengo até morrer* (1995).

Retornemos, agora, a **Mário Filho** que é considerado um clássico pela maioria esmagadora das opiniões, dentro e fora das universidades.[35] Foram 40 anos de militância nos esportes em geral e no futebol em particular, desde a histórica entrevista com Marcos Carneiro de Mendonça, em 1927, até sua morte em 1966.

Colunas esportivas nos jornais *A Manhã*, *Crítica*, *O Globo*, *Jornal dos Sports* e na revista *Manchete*; e livros como *A Copa Rio Branco de 32*, *Histórias do Flamengo* (1946), *Romance do Futebol* (1949), *Copa do Mundo, 62* (1962) e *Viagem em torno de Pelé* (1963).

Trabalhou e muito com seu irmão Milton Rodrigues, na pioneira atividade dos cinejornais, no famoso "Esporte em marcha", uma espécie de antecessor do definitivo "Canal 100", de Carlinhos Niemeyer, em linguagem e temática, além da sofisticação de imagens, aliás imprescindíveis para aquilo que estamos formulando aqui.

Em 1947, portanto, quando da primeira edição de *O negro no futebol brasileiro*, 20 anos já haviam passado, e Mário Filho já havia produzido muito, acumulado experiência e amadurecido seu assunto preferido e sempre revisitado: as relações sociorraciais no futebol brasileiro.

Florestan Fernandes, um dos maiores nomes da sociologia brasileira, chegou a falar da obsessão de Mário como pesquisador, de conferir tudo antes de escrever e publicar. Mérito metodológico e técnico, segundo sua abalizada opinião.

Mário Filho hoje seria chamado de "agitador (ou animador) cultural", por sua intensa militância em diferentes setores da nossa cultura, como

[35] Murad, 1999.

o carnaval (ajudou a construir a ideia do desfile das escolas de samba, no Rio de Janeiro, bem como os seus quesitos de avaliação e pontuação) e os Jogos Estudantis, tanto os secundaristas, criados por ele e de maior sucesso e mobilização, quanto os universitários.

Ambos existem ainda hoje e serviram para integrar na prática duas dimensões sociais de alto relevo, de acordo com suas opiniões e valores e certamente de consenso, na atualidade: a educação e os esportes. E esse casamento sociológico, não há dúvida, é de grande importância para a educação física.

O negro no futebol brasileiro, de Mário Filho, é um clássico no exato sentido do termo, aplaudido por inúmeros pensadores da vida brasileira, dentro e fora dos *campi*: Gilberto Freyre, Câmara Cascudo, Édison Carneiro, Marcos Carneiro de Mendonça, Thomaz Mazzoni, José Lins do Rego, Milton Pedrosa, Fernando de Azevedo, João Saldanha, João Máximo, Edilberto Coutinho, Florestan Fernandes, Anatol Rosenfeld e tantos outros pesquisadores imprescindíveis.

O autor pesquisou (diretamente para o livro) durante mais de cinco anos para a primeira edição e continuou, num certo sentido, por mais 17 para a segunda, revista e ampliada. Mais do que um livro (básico) de sociologia do futebol, é uma importante contribuição à sociologia brasileira, para alguns com relevância próxima àquela de *Os sertões*, de Euclides da Cunha, ou *Casa-grande e senzala*, para o entendimento de nossas estruturas básicas.

Roberto DaMatta, renomado antropólogo, nascido em 1936 na cidade fluminense de Niterói, é considerado o mais destacado cientista social brasileiro vivo que trata das temáticas esportivas, basicamente das relações entre futebol, cultura e sociedade, das múltiplas simbologias do futebol e de suas redes de sociabilidade, de seu caráter potencialmente democrático, dos ídolos e de sua mitologia, de seus aspectos históricos e antropológicos. Ou seja, daqueles domínios de análise sociológica que interessam aos profissionais da educação física.

DaMatta contribuiu e contribui muito para a respeitabilidade acadêmica do futebol enquanto objeto da sociologia, da antropologia e de suas áreas afins. Do futebol, e não só do futebol. De outros "fatos sociais populares", também, como o carnaval e o jogo do bicho. Fenômenos que direta ou indiretamente ainda são rejeitados, mesmo que parcialmente, pelas universidades. Claro, como já dissemos aqui, essas barreiras diminuíram bastante nos últimos 30 anos mais ou menos, e o nome de Roberto DaMatta sem dúvida ajudou e não pouco. Mas é preciso avançar mais, ampliar a massa crítica com novas, permanentes e aprofundadas criações intelectuais.

DaMatta, além de sua produção teórica em formato de artigos acadêmicos, artigos em jornal e livros, tem, digamos assim, uma militância antropológica na defesa competente desses temas que expressam as identidades e as maneiras de viver, pensar e produzir das camadas mais simples da sociedade brasileira. Seminários, debates na televisão, congressos, conferências são frequentes em sua agenda. Reflexões junto com seus pares ou não. Muito citado, seu nome é uma referência nacional e mesmo internacional.

Sua obra, grande e variada, inclui muitos títulos, alguns já perto de se tornarem clássicos, como *Carnaval, malandros e heróis: para uma sociologia do dilema brasileiro* (1979), *Universo do futebol — esporte e sociedade brasileira* (1982), junto com Arno Voguel, Luís Felipe Baeta Neves e Simoni Guedes, e *A casa e a rua: espaço, cidadania, mulher e morte no Brasil* (1985).

Entre outros títulos sobre futebol podemos destacar *Futebol: ópio do povo x drama de justiça social* (1982), *Antropologia do óbvio — notas em torno do significado social do futebol brasileiro* (1994) e *A bola corre mais que os homens* (2006).

Capítulo 12

Educação física e política

Decidimos incluir um capítulo como este porque achamos que também aqui a sociologia tem algumas contribuições a dar aos professores e pesquisadores da educação física, tanto na sua formação de 3º grau quanto na sua prática de trabalho, escolar ou não-escolar. Nas áreas do lazer, da educação e da competição.

Há muitos preconceitos relativos ao pessoal da área de educação física, alguns com base na realidade, o que poderia ser considerado não um preconceito, mas um "pós-conceito". Alguns! E é bom que se diga: isso não é exclusivo da educação física, nem de nenhuma outra profissão.

Entretanto, toda generalização é estranha ao "espírito científico" (como defendeu Michel Foucault), e é necessário precisar melhor as coisas que são ditas, para não cometer injustiças e reproduzir estereótipos, que são prejudiciais e afetam quase todas as áreas de conhecimento, não sendo privativos de nenhuma ocupação profissional.

Um desses preconceitos é que o pessoal da área tende mais para a "alienação política", não se importando em ter "consciência" da realidade social, já que está mais preocupado com a aparência física e a modelação do corpo do que com qualquer outro interesse. Não cabe aqui debater a fiabilidade empírica de tais representações, que são construídas e que estão mais ou menos presentes no imaginário coletivo, até porque não temos pesquisa específica sobre o assunto. Esta, aliás, seria uma boa temática para ser investigada. Fica, portanto, a sugestão.

Todavia, acho que o pensamento científico deve evitar generalizações excessivas, a não ser quando se tem uma base confiável de dados empíricos, que permita e que justifique um alargamento das conclusões. Uma base de dados, com lógica e consistência científicas, que só a pesquisa sistemática produz e que possa comprovar algo de novo, que possa significar uma superação daquilo que antes era conhecido pela investigação ou mesmo pelas representações do chamado senso comum.

As correlações entre política e atividades esportivas, corporais, artísticas, escolares, nutricionais, culturais, de gestão, de marketing, de direito, de saúde, de recreação e lazer, elementos formadores da área da educação física, nem sempre são percebidas por seus profissionais e raramente estão incluídas em planos e programas dos cursos de graduação.

Na pós-graduação a realidade é diferente. E a diferença é bem razoável. Claro que há exceções, mas a exceção confirma a regra. Claro, também, que essa situação não é exclusiva da educação física, alcançando, um pouco mais ou pouco menos, a formação de praticamente todos os profissionais.

Pelas razões expostas resumidamente acima é que pensamos em incluir um capítulo como este, com algumas reflexões e alguns conceitos ligados à sociologia que ajudam a esclarecer as relações da política com diversos outros aspectos da realidade histórica e social. E que podem ajudar, também, a se ter uma visão mais complexa e contextualizada das relações políticas e ideológicas, procurando evitar a sedução das análises simplistas, reducionistas, deterministas e mecanicistas.

Por outro lado, podem auxiliar, ainda, os profissionais da educação física a lidarem com as pressões e os envolvimentos político-ideológicos, diretos ou indiretos, que acontecem no dia a dia de seus trabalhos. No lazer, na educação, na competição.

Faz-se necessário, ainda, dizer que não se trata aqui — e não somente aqui, mas em todo este livro, como temos enunciado repetidamente — de uma abordagem sobre aspectos da história da educação física e de suas relações sociais mais amplas, econômicas, ideológicas ou políticas. Como, por exemplo, as conexões entre política e Jogos Olímpicos,[36] entre ideologia e esporte escolar, entre economia e modalidades do alto rendimento.

Isso tudo é relevante, claro, faz parte de nossa preocupação e está presente neste trabalho. Porém, a tarefa principal que fixamos para o livro é outra. O tipo de tarefa que nos propusemos neste trabalho é diferente daquela que é projeto para os historiadores da área da educação física e de seus intérpretes. Intérpretes de suas contextualizações, analistas de suas estruturas, dinâmicas e interfaces. E, atenção, que há gente de boa cepa, pesquisadores da área mesmo, que desenvolvem trabalhos consistentes nessa direção.

Nossa finalidade é outra. É examinar, a partir da sociologia, algumas possibilidades desse diálogo, na verdade, diálogos entre duas áreas do saber que a cada dia se aproximam mais. É construir uma espécie de "costura" teórica e metodológica daquilo que já se faz na prática, a partir dos clássicos da sociologia. É arrumar um pouco aquelas ideias que acabam por ajudar as ações concretas dos profissionais da educação física, mas arrumá-las (um pouco) de acordo com a ótica da sociologia.

Do meu ponto de vista e como sociólogo que sou, porque este é o lugar de onde falo, é estudar o que a sociologia pode oferecer como ajuda para a educação física e para o desempenho de seus profissionais, em particular aqueles que se dedicam mais diretamente às áreas de cultura e sociedade. Em síntese, para os que se envolvem com as pesquisas sociais propriamente ditas.

Uma contribuição preliminar, indubitavelmente, para avançar mais depois. Uma contribuição sem pretensão. Sem a pretensão de esgotar as alternativas. Uma contribuição de um sociólogo que trabalha na área e nela desenvolve suas investigações.

Há muitos cientistas sociais nessa mesma situação, sociólogos, antropólogos, economistas, historiadores, que podem agregar novos valores, como também podem fazê-lo os profissionais da educação física. Isso por um lado, digamos, da sociologia para a educação física. Por outro, como já ressaltamos, também há um leque aberto de contribuições da educação física para a sociologia. Contribuições práticas e teóricas.

[36] Ver Murad, 2005.

A meu juízo, há entre os dois campos de conhecimento uma conversa fecunda, ainda não totalmente explorada, embora em fase razoavelmente adiantada de problematizações, de trabalhos e resultados acumulados. Problematizações teóricas e práticas, repito.

Estas últimas, as práticas, têm a ver com o corpo e suas formas de institucionalização e suas produções sociais, culturais, simbólicas. Seus contextos históricos de representação, de comunicação, de manifestação. Em outras palavras, todo um conjunto de práticas, emergentes da educação física, que são reconstruídas como objetos de estudo pela sociologia. Não só pela sociologia, mas também por ela.

Aquelas outras, as teóricas, dizem respeito aos novos esforços epistemológicos, teóricos e metodológicos que têm de ser feitos, porque são exigidos pelos processos científicos de investigação, e que sempre são plurais, complexos, polissêmicos e multissignificativos. Processos de estudos e pesquisas relativos aos "objetos" mencionados no parágrafo anterior e a outros, como é evidente.

Mais alguns exemplos deles? Claro, os esportes, os jogos, as linguagens corporais, as danças e representações, o folclore e as lutas de resistência, como a capoeira ou a *ladja* — que é a capoeira do Caribe, principalmente da ilha da Martinica —, a saúde não medicalizada, a nutrição esportiva, o direito esportivo, entre outros, como educação física e política, tema que vamos desenvolver a partir de agora.

Educação física e política

Do ponto de vista histórico e sociológico, são inegáveis as relações entre política e esporte, entre política e atividades lúdicas, entre política e linguagens corporais. A política se faz presente na educação, na cultura, na sociedade.

Portanto, podemos dizer que são inegáveis as relações entre política e educação física, já que suas práticas corporais, lúdicas e esportivas encontram-se inseridas num determinado contexto social e fazem parte de uma educação e de uma cultura. Em verdade, é possível afirmar que tudo é política, porque "o homem é um animal político", como defendeu Aristóteles pioneiramente.

> Derivado do adjetivo (...) *pólis* (*politikós*), que significa tudo o que se refere à cidade (...), o que é urbano, civil, público e até mesmo sociável e social, o termo política se expandiu graças à influência da grande obra de Aristóteles, intitulada *Política*, que deve ser considerada como o primeiro tratado sobre a natureza, funções e divisão do Estado, e sobre as várias formas de governo.[37]

Muitos outros foram os clássicos do pensamento que defenderam tal ideia, de forma direta ou indireta, no passado ou no presente, como Maquiavel (um dos pais da ciência política), Karl Marx, Hanna Arendt, Jean-Paul Sartre ou Pierre Bourdieu.

Há um pensamento atribuído a Otto Maria Carpeaux que resume bem a presença constante da política na vida das pessoas: "você pode não se preocupar com a política, mas a política jamais deixará de se preocupar com você".

E se assim é de fato, se o homem como "ser social" é um "animal político", e a política, as relações de poder, as escolhas e negociações, o voto e o veto, os interesses, as lutas e as correlações de força se fazem sempre presentes, então todos os fenômenos da vida em sociedade estão recheados de política. Mesmo que às vezes por vias indiretas, de modo não muito explícito ou visível, estão, sim, inequivocamente, recheados de política. Mas que fique bem claro: da vida política, e não necessariamente da vida partidária.

Dessa forma, como fatores da cultura humana, como relevantes "fatos sociais totais", o corpo, a educação, o lazer, o esporte, o lúdico, a saúde, enfim, aqueles elementos componentes da grande área da educação física não estão à margem dessa constante estrutural (aquilo que é permanente, que acontece sempre ou quase sempre) da política. Pelo contrário, suas in-

[37] Bobbio, 1995:954.

terações são sempre mais ou menos possíveis de serem observadas e geralmente sem maiores esforços.

Mais ou menos, reitero. Ora mais evidentes e explícitas, ora menos. Exemplos explícitos de dominação política e de aproveitamento ideológico dos esportes são os campeonatos mundiais de futebol de 1934, na Itália, e de 1938, na França, e os Jogos Olímpicos de Berlim, em 1936. Todos esses eventos, ocorridos em plena era do totalitarismo nazifascista e às vésperas da II Guerra, foram entendidos como questões nacionais pelos governos da Itália e da Alemanha.

É nessa conjuntura (período histórico) que se forjou a categoria de "atleta de Estado", na Alemanha, aqueles desportistas de quaisquer modalidades que, financiados pelo governo, deviam obediência e fidelidade ao Estado nazista, bem como à sua ideologia. E, claro, a seu *Füher* Adolf Hitler.

Essas duas copas, a de 1934 e a de 1938, foram vencidas pelos italianos da *squadra azurra*, jogadores que em 1938 receberam assustados das mãos do *Duce*, Benito Mussolini, a ameaçadora e célebre mensagem *vincere o morire* (vencer ou morrer).

A propósito, a escolha do azul como a cor da seleção (*squadra azurra*), num país onde as cores nacionais são o verde, o vermelho e o branco, traduz igualmente uma relação política. Uma relação política que tem a ver com a história da nacionalidade italiana.

Desta feita, com o azul da casa real dos Savoia (ou Saboia), que reinou no primeiro governo do processo de unificação na Itália, a partir do reinado do Piemonte (de Torino, de Saboia e da Sardenha) e de 1861 até 1946, após o fim da II Guerra Mundial. Vítor Emanuel II venceu a guerra contra a Áustria pela independência e foi o primeiro rei da Itália unificada, sob o poder da casa real dos Savoia, cuja cor-símbolo era o azul.

Mais ou menos semelhante é a história da cor laranja (*orânhe* é a pronúncia em holandês) do selecionado da Holanda, país onde as cores pátrias são o azul, o branco e o vermelho. Laranja é a cor da casa real de Orange, da família real holandesa, os Orange-Nassau, cuja origem é o príncipe de Orange, Felipe II, que em 1579 proclamou a independência dos Países Baixos. A atual família real da Holanda é sua descendente direta. No Mundial da Alemanha de 1974, o selecionado holandês, vice-campeão, o mesmo que encantou o mundo com o "futebol total" do treinador Rinus Mitchels, foi chamado de Laranja Mecânica.

Nos Jogos Olímpicos de 1936 em Berlim — clímax do intervencionismo do governo nos esportes — é que surgiu a categoria do "atleta de Estado", como acabamos de falar, aquele que, financiado pelo governo nazista, lhe devia obediência e fidelidade. Tais atletas gozavam de prestígio, eram idolatrados e desfrutavam de boas condições de trabalho e vida material. Mas essa fama tinha um preço: estavam obrigados a ser "garotos ou garotas propaganda" do regime. O que não era nada fácil.

Outro exemplo do uso político dos esportes nos Jogos de 1936 são as obras faraônicas do governo nazista, das quais o auge foi o Estádio Olímpico de Berlim. Albert Speer, "arquiteto do III Reich", em nome de Hitler, retoma, altera e conclui o projeto daquela praça de esportes que foi o principal lugar do evento. Além de aumentar a oferta de trabalho e reduzir o desemprego, promessas do nazismo, as grandes obras têm uma força simbólica incomum.

O governo nazista tinha clara consciência da importância dos esportes e não economizou esforços para tirar deles os melhores efeitos políticos — materiais e simbólicos. Houve protestos e reações veementes de segmentos do movimento olímpico diante da escalada *nazi*, mais até do que em outras esferas da política, da diplomacia e da economia internacionais ou mesmo nos espaços de poder da Liga das Nações, antecessora da ONU, onde a omissão predominou.

Alguns países-membros do Comitê Olímpico Internacional (COI) chegaram a encaminhar a proposta alternativa de realizar os Jogos de 1936 não em Berlim, mas em Barcelona. A cidade catalã foi escolhida por ter uma história ligada aos esportes, o que finalmente foi consagrado nas Olimpíadas de 1992. Além disso, Barcelona era (e ainda é) considerada uma cidade-ícone da resistência política, inclusive à ditadura fascista de Francisco Franco, que viria logo a seguir, a partir de 1939. A eclosão da guerra civil espanhola (1936-39), considerada uma espécie de "ensaio geral da II Grande Guerra" (veja *Guernica*, o painel de Picasso considerado a pintura mais importante do século XX, sobre o bombardeio da aviação alemã, a *Luftwaffe*, no País Basco), acabou abortando a ideia.

A história das Olimpíadas é farta de exemplos. Nela as relações entre política e esportes, ideologia e competição, economia e lazer, educação e treinamento aparecem em suas várias dimensões — de manipulação, de resistência, de alienação, de oposição. Tanto nas Olimpíadas quanto nos Jogos Olímpicos (lembram das diferenças conceituais entre ambos?) há muitos elementos de comprovação empírica daquilo que estamos dizendo.

Pesquisadores diversos da história dos Jogos Olímpicos convergem para o fato de que já nas primeiras Olimpíadas a nobreza palaciana grega tenta se apropriar politicamente do certame e, por expedientes diversos, procura influenciar nos resultados das provas, em favor de seus competidores.

Diferentemente de outros setores da vida social, neste os aristocratas nem sempre ganharam, embora muitas vezes tenham conseguido atingir os seus intentos. Essa tendência foi dominante na época clássica, mas a ela não ficou restrita, pelo contrário, é marca de quase toda a trajetória histórica do esporte.

Mas, calma aí, porque é sempre bom relativizar e não tomar *uma* conclusão, mesmo que comprovadamente verdadeira, como sendo *a* conclusão, isto é, com validade para todos os casos. A relação entre política e esporte é típica. Como é mais comum falarmos no uso político dos esportes, acaba ficando a impressão de que sempre foi, é e será assim. E só assim.

No entanto, se isto é verdade em parte, também é verdade que o esporte pode se opor à política oficial, direta ou indiretamente (e isto igualmente é fazer política), e que nem sempre a política no esporte é algo negativo, de manipulação, de alienação. Sim, porque pode ser de resistência, de oposição e de denúncia. A história é farta de todos os exemplos. Para um lado e para outro.

As políticas públicas (e seu financiamento) ligadas ao esporte pedagógico, comunitário ou escolar são exemplos de ligações entre poderes socialmente constituídos — econômico e político — e esporte amador. Portanto, política no esporte, mas com projetos, metas e sentidos bastante distintos daqueles que vinculam a política e a economia às modalidades profissionais, aos clubes e federações e aos atletas do alto rendimento. Estes, empresariais e competitivos; aqueles, educacionais e inclusivos.

Quase sempre movidos pelo mercantilismo excessivo, esses investimentos empresariais e competitivos e seus marqueteiros poderiam ser estudados, também, pela ótica do conceito marxista de "fetiche da mercadoria", já descrito neste trabalho. O mercado é a instância econômica que determina as ações, e o lucro dos negócios, a principal finalidade a ser alcançada.

O espetáculo é a dimensão definidora dos eventos. Tal espetacularização não é privativa de um contexto particular, mas um fenômeno geral da vida contemporânea, quase referencial. Segundo Debord (1971:41), "em todas as suas formas específicas, como informação ou propaganda, como publicidade ou consumo de entretenimento direto, o espetáculo é um modelo presente da vida socialmente dominante". Destaque-se, na citação, que "o espetáculo é um modelo".

Já aqueles outros projetos de políticas públicas, os educacionais e inclusivos, poderiam ser estudados também pela ótica dos conceitos de "educação geral" e "socialização", tendo por base a sociologia clássica de Durkheim (que é considerado, lembra?, o pai da sociologia da educação); e os de "inclusão social" e "cultura popular", a partir da sociologia clássica de Marx e Engels.

Além desses conceitos clássicos e fundadores da sociologia geral, podemos também aplicar conceitos e experimentos fundadores da sociologia brasileira, como os de Fernando de Azevedo nas chamadas praças públicas desportivas ou praças polivalentes. Todos já descritos neste livro.

Ademais, devemos recordar que os projetos dos megaeventos esportivos, como os Jogos Olímpicos e a Copa do Mundo, entre outros, sempre estão preocupados com a herança que ficará para as cidades ou para os países. O legado para a saúde, a educação, a segurança, o meio ambiente, o transporte e o emprego são políticas e investimentos de peso, implementados em nome de alguns valores altamente recomendáveis e com resultados comprovadamente positivos.

Então, inúmeras são as análises possíveis para se pensar a correlação entre política e esporte, entre política e corpo, entre política e educação física, escolar ou de alto rendimento. As alternativas são diversas, bem como diversos são os seus modos de apreensão. Portanto, é preciso todo um cuidado teórico e metodológico para não reduzir ou estreitar as pesquisas, fazendo-se análises mecanicistas ou deterministas, indubitavelmente empobrecedoras. Sim, já dissemos isso, mas é fundamental reforçar, dada a importância desses parâmetros.

Os eventuais usos que os poderosos de quaisquer origens e ideologias procuram fazer dos esportes ou das atividades corporais não configuram nenhuma de suas dimensões definidoras, estruturantes ou nucleares. Embora importante, não há dúvida, esse é um aspecto lateral, e sua grandeza não pode e não deve ser superestimada (nem subestimada, é evidente), a fim de que sua extensão e potencialidade possam se situar no espaço exato de sua medida.

Conforme já falamos neste e em outros textos, reafirmamos agora que, em muitas oportunidades, atletas, equipes, modalidades, torcedores, torcidas organizadas, eventos regionais, nacionais ou internacionais escolares ou de competição profissional são objetos de manipulação das estruturas dominantes. Obviamente tal realidade não é privativa e ocorre, do mesmo modo, em proporções diversas, com outros fatos e instituições sociais, a arte e a escola, por exemplo, além da área da educação física.

Contudo, em várias situações, esses mesmos segmentos componentes das "redes"[38] desportivas e da educação física atuam numa espécie, digamos assim, de "resistência" e mesmo de "contraespaço ideológico" diante daquilo que está institucionalizado, enquanto normas e valores, enquanto hierarquia e poder. E, numa escala um pouco mais avançada, vêm a ser uma possibilidade do que Bakhtine (1974) chamou de "inversão do código vigente". Faz-se necessário, pois, que os profissionais envolvidos com esses contextos sociológicos tenham consciência deles e estejam minimamente equipados, em teoria e metodologia, para melhorar a sua atuação.

Acho que não custa repetir que esses conhecimentos ajudam os profissionais da educação física, da sociologia e de outras áreas afins a tomarem consciência do tamanho, da profundidade e das possibilidades de seus campos de atuação. Por isso eles são muito importantes e devem ser aprofundados constantemente. Acho, inclusive, que deveriam fazer parte dos cursos de formação desses profissionais e de outros que venham a trabalhar com os esportes e com atividades correlacionadas às práticas corporais, lúdicas e artísticas.

[38] Latour, 1997.

Esportes e ideologia

Mas, afinal, o que é ideologia e por que é importante? Já vimos isto, quando falamos das contribuições de Marx e Engels para a sociologia. Mas, como surgiu a questão e para que não fiquem dúvidas, vamos repetir o conceito, procurando ser simples e didático para não complicar, e depois, para ajudar a compreensão, dar uns exemplos históricos contemporâneos, todos do século XX e que ocorreram no âmbito particular das relações entre esporte e ideologia. Em outras palavras, exemplos de tentativas do uso político dos esportes com o objetivo de fortalecer ideologias que estavam no poder. Ao conceito, então!

Ideologia, ao pé da letra, seria o "estudo das ideias". Este é o significado da palavra. Entretanto, o que queremos saber é o conceito de ideologia e não somente a definição da palavra. Embora tenha relação com a palavra, o conceito é um passo à frente da palavra, porque conceito é uma palavra com um significado próprio, específico, para uma determinada área de conhecimento.

Portanto, conceito é o que é uma coisa, uma definição, o seu significado, dentro de um campo do saber. O conceito é o significado, o conteúdo, o sentido interior; a palavra é o significante, a forma, o modelo exterior. Essa diferenciação entre *significante* e *significado* vem da linguística de Ferdinand Saussure (1857-1913). A linguística é a teoria científica dos signos ou dos símbolos que formam a linguagem. Saussure, teórico suíço, foi o principal responsável por sua organização como ciência.

Ideologia é a maneira de pensar, sentir e agir. É a maneira de ver o mundo, é a visão de mundo. É um conjunto de representações, de valores, de ideias, de opiniões sobre a realidade que cerca e influencia o indivíduo enquanto ser social. É um modo (modos, na verdade) de pensar a sociedade, o mundo, as relações, no todo ou em partes.

E não só pensar os aspectos políticos, mas o geral, pensar quase todos os temas da vida cotidiana: amor, sexo, casamento, gênero, opção sexual, eutanásia, aborto, política, voto, lei, trabalho, saúde, educação, cultura, arte, folclore, jogos, esportes.

O nosso dia a dia na vida social está repleto de ideologia, de ideologias, porque não há uma única ideologia, e sim variadas, embora uma delas seja dominante. Então, a ideologia é um fenômeno social importante, sim, porque vai influenciar as nossas escolhas e opções em todos os níveis de nosso processo de vida, em todo o nosso processo de socialização, da família (inclusive) em diante, passando pela escola, pelo trabalho, pela religião, por tudo.

Tem a ver com os interesses das pessoas, dos grupos e das classes sociais, interesses econômicos e políticos. Interesses específicos ou gerais dos partidos, dos sindicatos, das associações, das organizações, dos clubes, dos movimentos sociais, em todas as suas dimensões.

Então, conforme já vimos lá atrás, a ideologia está ligada, mesmo quando indiretamente, aos eventos da cultura, da educação, das artes, das leis, dos esportes, dos jogos, das linguagens, das expressões corporais, da recreação e do entretenimento, daquilo que, em última instância, faz parte das interfaces e dos trabalhos comuns à sociologia e à educação física.

Mesmo que indiretamente, repito, todos esses fenômenos sociais estão situados na superestrutura ideológica da estrutura social, organização social ou sociedade. E assim sendo, exercem e sofrem influências da economia e da política, isto é, das outras instâncias formadoras da sociedade e de sua dinâmica histórica.

Conceito revisto, agora os exemplos prometidos.

Em 1938, às vésperas da II Guerra Mundial, que começaria em setembro de 1939, com a Áustria já invadida e anexada pela Alemanha, a Itália sagra-se bicampeã mundial de futebol. Campeã na Copa de 1934, realizada na Itália, e bicampeã em 1938, na França.

Vencer em Paris, a cidade-símbolo da liberdade e da democracia, significava muito para o governo fascista de Mussolini e para a sua ideologia de conquistas e superioridade. O campeonato mundial de futebol já era então um símbolo de muita força e consistência, devido à importância e à popularidade internacionais dessa modalidade esportiva.

A conquista envaidece, ainda mais, os fascistas e seu líder, o *Duce* Benito Mussolini, que, grandiloquente, proclama nessa vitória a "força e a excelência atlética, além do valor espiritual da juventude fascista, no coração da capital de um país onde as ideias, a propaganda e os métodos empregados são todos antifascistas".[39]

[39] Bromberger, 1998:15.

Pelo lado da Alemanha, Adolf Hitler, consciente do valor simbólico do futebol e de seus possíveis efeitos ideológicos para ajudar a sedimentar uma determinada estrutura de poder, articula a transferência da sede da Fifa para Berlim, a capital do *Reich* dos mil anos, mas sem sucesso, uma vez que a resistência política e desportiva (eu disse desportiva!) foi muito forte.

A ideia veio de Goebbels, o ministro da propaganda nazista, tendo em conta o peso internacional da entidade e a repercussão dos esportes em geral, mais ainda do futebol. A importância social dos esportes era tão clara para os nazistas, que em 1943, após a derrota alemã em Stalingrado, o influente ministro do *Reich* escolheu o Palácio dos Esportes, em Berlim, para o anúncio da guerra total contra os Aliados. Foi um lance de marketing político, consciente e planejado, que se serviu da imagem popular dos esportes e de seu impacto simbólico.

Outro bom exemplo disto, de uma produção cultural ser usada pelas estruturas de poder, é o documentário *Olympia*, de Leni Riefenstahl, feito durante os Jogos Olímpicos de Berlim, em 1936, e lançado em 1938. *Olympia* é um marco no cinema, na fotografia e na representação da chamada "estética hitlerista". Esse filme, desde o seu lançamento, foi (e é) um destaque, por dois motivos centrais: a qualidade estética de uma verdadeira obra-prima e o seu uso político-ideológico.

Além disso tudo, na Alemanha nazista (principalmente), mas também na Itália fascista, foi reforçada a ideologia racista e excludente de que o esporte é um instrumento que ajuda a eugenia, isto é, a purificação da raça (nesse caso a raça ariana, que iria dominar o mundo, no projeto nazista), através da noção de *mens sana in corpore sano* — um corpo saudável faz uma mente sadia. É a ideologia da "superioridade racial", do racismo, que a Constituição brasileira considera "crime inafiançável e imprescritível".

E como consequência desta, uma outra ideologia: a de que os exercícios esportivos auxiliam a preparação para o combate, para a guerra, tal como era concebido em Esparta, na Grécia clássica. Especialmente em relação à juventude, a educação física deveria ser uma "escola para a guerra", de preparação dos "superiores" na "luta pela vida", no processo necessário de eliminação dos "inferiores", a fim de garantir a sobrevivência da espécie. Era, portanto, um dever, mais do que um direito, acelerar a evolução da espécie através de medidas eugênicas, mesmo que estas fossem radicais e implicassem a eliminação do "outro".

No Brasil, logo pós a Revolução de 1930 liderada por Getúlio Vargas, o ministro Francisco Campos, da Educação, por decreto de 1931, torna a educação física obrigatória no ensino secundário. Os professores da matéria deveriam se preparar para a conquista de três metas essenciais: a cívica (hábitos e valores ligados à nação), a higiênica (eugenia, purificação racial, corpo saudável, saúde superior) e a estratégica (relacionada à segurança nacional, ao combate e à defesa da pátria). As três com forte conotação militar.

Não nos esqueçamos que em 1933, na mesma conjuntura portanto, o Centro Militar de Educação Física, criado em 1932 (mesmo ano da *Revista de Educação Física*, órgão oficial do Exército brasileiro, ainda hoje em circulação), dá lugar à Escola de Educação Física do Exército.

Mas essa tradição de as instituições militares formarem as suas escolas de educação física é bem anterior, vem do início do século XX, e isto para falarmos só das iniciativas mais consistentes. A pioneira Escola de Educação Física da Polícia Militar de São Paulo é oficialmente de 1910, todavia suas origens remontam a 1898.

A primeira grande e bem estruturada escola civil, por assim dizer, a Escola Nacional de Educação Física e Desportos da Universidade do Brasil, no Rio de Janeiro, foi criada pelo Decreto-Lei nº 1.212, de 1939, na conjuntura ditatorial do Estado Novo (1937-45) de Getúlio Vargas e da II Guerra Mundial (1939-45).

Isto em nível de graduação. Já na pós-graduação *stricto sensu*, o primeiro programa de mestrado (e depois de doutorado), não só no Brasil, mas na América Latina, foi o da Universidade de São Paulo, criado em março de 1977.

Sem dúvida, essas concepções de eugenia e superioridade, sinalizadas anteriormente, muitas delas de origem nazista, abraçadas por várias ditaduras e com frequência associadas às práticas esportivas, eram baseadas no evolucionismo, no cientificismo, no etnocentrismo, na exclusão e na seleção natural do "darwinismo social". Esta teoria, no fundo, era a aplicação da teoria biológica de Charles Darwin (1809-82) no âmbito da história e da sociologia. O que, evidentemente, é muito discutível.

O elemento fundamental do darwinismo é que "o fator primário, o dado primordial e responsável pela evolução dos organismos é o processo de seleção natural, definido como a contundente preservação de diferenças, variações e hierarquias individuais consideradas favoráveis à evolução das espécies e à destruição daquelas que lhes são prejudiciais".[40]

Suas pesquisas declaram, explicitamente, que o confronto e a violência, e mesmo a guerra entre espécies distintas e até no interior de cada uma delas é umbilical na história de todos os animais pertencentes à escala zoológica, incluindo o *homo sapiens*. A agressividade que é fundadora das relações sociais e institucionais, segundo ele, não deixa de comparecer: aparece sempre, aqui e ali, mais cedo ou mais tarde.

Mais do que isso, e por vezes perturbador, é que a "competição pela vida" e a "seleção natural" foram ambas necessárias para a humanidade. Isso porque esses processos verificados nos organismos vivos, desde sua mais remota origem, funcionaram como um fator de progresso, como uma depuração morfológica e sistêmica.

Todavia, Charles Darwin não pode ser responsabilizado pelo transplante ideológico de suas teses científicas da biologia para a sociedade e para a história. O chamado darwinismo social, bem como o evolucionismo histórico — usados pelo nazismo e desde o *Mein Kampf*, de Adolf Hitler — são apropriações políticas, por estruturas de poder autoritárias e violentas, de um discurso cuja natureza e origem são científicas; extensões feitas de um universo teórico para outro e que são discutíveis até mesmo tecnicamente.

É preciso sublinhar, ainda, que essas ramificações ideológicas não foram construídas diretamente a partir das teorias formuladas pelo próprio Darwin, mas sim por aquelas de seu primo e colaborador, o eugenista Francis Galton (1822-1911). O próprio Galton, ao fim da vida, teve dúvidas em relação aos princípios norteadores de seu trabalho de investigação. E foi ele que em sua obra *Hereditary genius* (1869) refletiu sobre as possibilidades de "depurar" a espécie humana, tomando como ponto de partida

[40] Darwin, 1972:264.

o critério biológico da "garantia de qualidade", segundo o qual as pessoas "com defeitos genéticos" seriam impedidas de reproduzir.

Já a difusão do darwinismo pelo pensamento social, especificamente, deu-se através dos trabalhos de Herbert Spencer (1820-1903), mais do que por qualquer outro. Defensor do capitalismo, foi o maior divulgador e propagador de expressões como "evolução", "sobrevivência dos mais aptos" e "naturezas superiores e inferiores", no hemisfério das ciências sociais e humanas.

Dois são os livros referenciais de Spencer: *Do progresso, sua lei e sua causa* (1857) e *Princípios de sociologia* (1882). Mais recentemente, o destaque fica com o norte-americano Edward Wilson, da Universidade de Harvard, que escreveu *Sociobiology: the new synthesis* (1975) e *On human nature* (1978), nos quais (re)lançou os conceitos básicos do polêmico neodarwinismo social.

Conforme já falamos aqui e em outros trabalhos, muitas vezes o esporte (ou a arte, como no caso do documentário *Olympia*) subordina-se às estruturas dos poderes dominantes. Quanto a isto não pode haver dúvida. Outras vezes, entretanto, resiste a elas, opondo-se diretamente (no plano material da política) ou indiretamente (na representação das simbologias) às suas ações centralistas, excludentes e autoritárias.

O esporte ou qualquer outro fenômeno cultural pode servir para usos alienantes, mas pode também resistir às tentativas de manipulação dos grupos poderosos, com consciência e consistência políticas, não descartáveis. Para aqueles que trabalham com os esportes e suas áreas afins, esta é uma reflexão muito importante, e levar isto em conta ajuda a não cair numa visão reducionista, empobrecedora mesmo, do problema e assim ajuda igualmente a não deixar escapulir uma boa alternativa de pedagogia social.

Então, poder-se-ia repetir para reforçar, como já dissemos aqui neste livro e seguindo Richard Giulianotti (2002:33), que, apesar de ter um pé na realidade, a generalização da ideia do "pão e circo" romano, da utilização política alienante de um esporte, é uma possibilidade, mas não é tudo, não esgota a questão e, no fundo, está enraizada num preconceito em relação às atividades esportivas e a outros eventos da chamada cultura popular.

Vamos ver, agora, alguns exemplos históricos importantes de oposição ou resistência política por parte dos meios esportivos em face das manobras do poder. Primeiro, os exemplos de oposição direta, e logo a seguir, os de oposição indireta.

Em variadas conjunturas, esportistas individualmente, equipes, seleções, grupos de torcedores, torcidas organizadas e entidades — clubes, federações e confederações — assumiram posições políticas claramente a favor da democracia e da liberdade. Mesmo correndo graves riscos, enfrentaram poderes truculentos, autoritários, ditatoriais.

É isso mesmo? Sim, é isso mesmo. Com certeza? Vamos, então, aos exemplos históricos.

Durante a ditadura franquista na Espanha (governo fascista de Francisco Franco, de 1939 a 1975), o Barcelona e o Atlético de Bilbao — clubes, equipes e torcidas — se opuseram frontalmente ao "governo de Madri", não só em política e legislação esportiva, mas principalmente nas decisões globais para o país. Posicionavam-se como representantes dos povos catalão e basco, respectivamente, organizando protestos inimagináveis, à época, em outras instituições.

O Barcelona e seus *hinchas* (torcedores) até hoje se orgulham de ser o "time da liberdade" e não perdem a oportunidade de lembrar que o Real Madrid, o "time da ditadura", não representa o país, mas a capital do país.

É bom ressaltar que também a cidade de Barcelona, a bela capital da Catalunha, muito se orgulha da equipe de futebol que leva o seu nome e que tem uma história de identidades profundas com a região.

Em Portugal, as vitórias do Futebol Clube do Porto são a metáfora de uma resistência histórica do Norte do país em face do "centralismo de Lisboa", representado, segundo muitos, pelo Benfica.

"Portugal é Lisboa, o resto é paisagem." Nessa frase de Eça de Queirós, grande escritor e pensador português, se faz presente toda uma simbologia que ajuda a entender muito da história política em Portugal. Esse quadro de relações de poder, entre o Norte e o Sul do país, tem raízes históricas profundas no processo de formação da nacionalidade portuguesa. Passa pela unificação política da nacionalidade, pela escolha de Lisboa como capital, pela tradição de resistência do Porto — a Cidade Invicta —

às tentativas de invasão externa e dominação interna, e culmina no período da ditadura salazarista.

Ainda hoje os portuenses se orgulham de celebrar a capacidade de resistência política da cidade do Porto. E como em sua maioria os portuenses são portistas, há também o orgulho explícito de mostrar uma profunda identidade entre as conquistas da capital do Norte com as vitórias do Futebol Clube do Porto. E para comprovar isto, aqui vai o exemplo sempre citado.

No período salazarista, o Benfica abocanhou a maioria dos campeonatos nacionais, enquanto o Porto (cidade e clube) resistia e resistia no campo da política, da simbologia e nos "relvados" (gramados). Em grande parte, essa liderança no *ranking* dos campeonatos nacionais é atribuída a uma situação que faz pensar e que está assimilada pela cultura local.

Diz a tradição do lugar que existia uma pressão do poder central, quase uma "lei", no sentido de que todo craque (craque!) revelado em qualquer lugar de Portugal deveria ir jogar em Lisboa e somente no Benfica. Depois da queda do salazarismo, com a Revolução dos Cravos, em 25 de abril de 1974, o fim da ditadura e início da democracia, a situação mudou radicalmente no país e no futebol do país.

O Porto — que antes tinha sido campeão apenas cinco vezes — ganhou o maior número das taças nacionais. Foram 18 conquistas na primeira divisão, a superliga, incluindo um pentacampeonato inédito na liga.

Longa etapa da vida portuguesa, de 1926 a 1974, o governo ditatorial (de inspiração fascista) de Antônio Oliveira Salazar foi duro e repressor no comando das instituições do país. Sem exceção, o autoritarismo alcançou todos os setores, exercendo poderosa influência na educação, nos meios de comunicação ("a comunicação social", como se diz por lá), nos esportes (*nomeadamente* no futebol), na recreação popular, no lazer das multidões, nas atividades lúdicas e nos exercícios físicos escolares.

Embora já tenha sido dito anteriormente, acho importante insistir, uma vez que as ideias à frente são uma boa síntese do que estamos querendo mostrar. Então, para resumir o que falamos, a seguir esta boa síntese.

A região Norte de Portugal, liderada pela cidade do Porto, se opunha a esse tal "centralismo de Lisboa", centralismo político, institucional, cultural e esportivo. E foi assim, mesmo correndo todos os riscos, que não eram pequenos, considerando-se o regime de repressão e violência que dominava o país.

O Futebol Clube do Porto simbolizava (e simboliza ainda hoje) essas lutas e resistências, assumidas abertamente e assumidas como uma de suas identidades. O imaginário coletivo da Cidade Invicta não deixa cair no esquecimento a "lei" da ditadura, que "exigia que todo craque de futebol jogasse no Benfica", o campeão absoluto dos títulos nacionais durante o período de Salazar, mas não depois dele.

E cita sempre o caso de Eusébio, o maior craque português de todos os tempos, agora juntamente com Luis Figo e, sobretudo, Cristiano Ronaldo. Eusébio nasceu em Lourenço Marques, atual Maputo, capital de Moçambique, em 1942, e despontou para o futebol jogando no Sporting Lourenço Marques, com 15 anos. Aos 18 foi para Portugal como supercraque, no auge da ditadura salazarista, indicado ao Sporting de Lisboa, mas por pressão política acabou mesmo no Benfica, time de Salazar, onde brilhou por 15 anos, entre 1960 e 1975.

No início do século XX, a história do sindicalismo brasileiro era liderada pelas correntes anarco-sindicalista e comunista, as quais divergiam quanto à chegada do futebol ao lazer dominical das classes operárias, entretenimento que incluía diversas atividades lúdico-corporais e de expressão artística, como música, dança e representação teatral. O espaço de recreação dos trabalhadores fabris, aos domingos, formou uma tradição e reunia grande número de famílias operárias.

Alguns grupos anarco-sindicalistas foram contra o "esporte bretão", ainda de elite naquele momento, porque achavam que o futebol poderia ser usado pelas classes dominantes como meio de fracionar a unidade do proletariado. E essa preocupação com a possibilidade de divisão política dos operários não era uma fantasia, uma imaginação. De fato ocorreu em alguns lugares, em alguns países, e assim cumpriu um papel ideológico.

Já os comunistas, apesar de reconhecerem esse "perigo" denunciado pelos outros, ao contrário, usaram-no como instrumento de aproximação e reunião dos trabalhadores urbanos, com fins de organização e propaganda de suas "causas". Assim, contribuíram para a popularização e democratização do futebol em nossa sociedade. O chamado futebol de fábrica foi um dos veículos de enraizamento da modalidade na "cultura popular" brasileira, além de instrumento de resistência política ao elitismo e ao racismo então dominantes.

Ainda nessa perspectiva de oposição direta, há também os casos de atletas, de distintas modalidades, que assumiram posições políticas, sindicais (salários e condições de trabalho) e/ou federativas consideradas progressistas, como Leônidas da Silva (militante do Partido Comunista), Cassius Clay (Mohamed Ali), Larbi Ben Barek (o "Pelé do Marrocos"), Afonsinho (primeiro passe livre do futebol brasileiro, ganho na justiça),[41] Sócrates, Wladimir e Casagrande (líderes da democracia corintiana, no início dos anos de 1980), Maradona (chegou a propor concretamente a formação de uma associação internacional de jogadores de futebol), o Bom Senso Futebol Clube, movimento e democratização do futebol brasileiro, liderado a partir de 2013, pelos jogadores Alex e Paulo André, entre outros, Cruyff, Aurélio Miguel, Michael Jordan e Guga, para citarmos apenas alguns.

Setores de torcidas organizadas, mais politizados e com níveis bastante razoáveis de consciência social e política, articulam-se em prol de campanhas cívicas (doação de sangue, preservação ambiental, prevenção de doenças), como grupos de pressão contra dirigentes de clubes e federações ou, ainda, reivindicam ingressos mais baratos, mais segurança, controle da violência e conforto para os torcedores.

Muitas vezes se organizam para participar, além da política interna dos clubes, de eleições legislativas para vereador e deputado. Então, torcida organizada não é sinônimo de alienação (embora isso também seja uma realidade) e muito menos de violência. Esta existe, sim, é preocupante e tem que ser contida, mas é obra de minoria.

Eficácia simbólica

Vejamos agora alguns exemplos de oposição política (e ideológica) indireta vinda dos meios esportivos, mas com "eficácia simbólica" (este é o título de

[41] Ver Murad, 2006.

um clássico artigo escrito por Lévi-Strauss — famoso antropólogo belga, 1908-2009 — e publicado em 1949) comprovada, isto é, causando algum efeito na "cabeça das pessoas", nas mentalidades. Antes, porém, só para lembrar que o conceito de "eficácia simbólica" tem a ver também com a sociologia de Pierre Bourdieu, da qual falamos anteriormente, é bom registrar que para ele o capital simbólico acumulado nos processos da vida social é tão importante quanto o capital econômico, tanto para a manutenção (a reprodução) quanto para a transformação das sociedades.

Vamos aos exemplos?

No Brasil, o racismo (previsto na Constituição como crime imprescritível e inafiançável), resultante estrutural de mais de 350 anos de escravismo (fomos o último país do mundo a abolir a escravidão), o racismo (e a exclusão social) siderúrgico e violento, foi simbolicamente arguido e denunciado pelo futebol, em especial, a partir dos anos de 1920.

No período, o Vasco da Gama forma, em 1923/24, um time de pretos, pobres e semianalfabetos, sagrando-se campeão e bicampeão do Rio de Janeiro. Fenômenos marcantes porque, desde a chegada do futebol ao Brasil em 1894, a configuração social dessa modalidade esportiva era o elitismo, o racismo e a exclusão. O Vasco, clube de regatas (o futebol é só de 1915), já tinha desafiado simbolicamente o racismo, quando teve um presidente de origem negra, Cândido José de Araújo, entre 1904 e 1906. Fato absolutamente inédito e ousado.

As equipes e as vitórias de 1923/24 foram o ponto culminante (porque o Vasco assumiu a inclusão social e racial, como política do clube, da instituição, não como algo pontual, mas estrutural e estruturante, e, por isso, enfrentou uma luta com a federação e os outros clubes de futebol do Rio de Janeiro — a "Resposta Histórica de 1924", carta que está na sala de troféus em São Januário, é o documento comprobatório dessa conjuntura) de um processo de democratização e popularização do futebol, entre nós, que já se instalara na base da sociedade brasileira, mais ou menos a partir da metade da década de 1910, e que tem sintonia com a conjuntura política mais global da década seguinte, particularmente dos projetos de 1922: tenentismo, modernismo, comunismo, que defendiam uma revisão estética, ideológica e ética das tradições brasileiras.

A conjuntura de 1922 vai desaguar na Revolução de 1930, no Manifesto da Escola Nova de 1932 e na Constituição de 1934, com os novos projetos do voto feminino, das leis trabalhistas e sindicais. Em 1933, no contexto da "modernização brasileira", o futebol, até então esporte amador, torna-se profissional em nosso país.

Uma (uma!) das hipóteses aceitas pelos historiadores sobre a profissionalização do futebol brasileiro é aquela que defende que profissionalizar a modalidade era uma forma de aceitar negros e pobres, os excluídos do amadorismo, que no profissionalismo poderiam ser aceitos como empregados dos clubes, não como sócios, claro.

Já no início do século XX e mesmo antes surgiram agremiações que incluíam jogadores negros e de perfil socioeconômico mais baixo. Contudo, eram iniciativas pontuais, embora importantes. No Rio, o Bangu (1906), da fábrica de tecidos homônima, e times suburbanos como o Andaraí, da fábrica Confiança, o Cerâmica e o Mangueira, ao pé do famoso morro, e o Carioca, formado por operários e motoristas de caminhão. Em São Paulo, em 1910, o Corinthians ("equipe de várzea dos operários do Bom Retiro"), destaque do período, e associações de bairros operários, como Brás, Bom Retiro, Ponte Grande, Canindé. Em Salvador, o Bahia e o Operário da Baixa; o Britânia, no Pará; e o América, em Minas. Além disso, havia clubes ou ligas formados só por "homens de cor", caso do Rio Grande do Sul e do interior do Rio de Janeiro, para fazer frente aos congêneres de brancos.

O processo de democratização e inclusão desse esporte entre nós foi pontilhado por tensões e atritos, por avanços e recuos. O futebol expressou aquilo que era dominante nas relações sociais do Brasil. Apesar das resistências, sua difusão foi irreversível e culturalmente relevante, marcando para sempre a história de nossa formação social.

Na atualidade, parece não haver mais dúvidas quanto ao fato de o futebol ser um dos elementos centrais de nossa identidade cultural, para dentro e para fora do país. Múltiplas pesquisas acadêmicas têm procurado demonstrar isso com sucesso.

Contudo, apesar de toda a resistência social e racial e seus significativos resultados, o futebol, e isto é evidente, não superou a exclusão, que é estrutural e histórica no Brasil, constitutiva e fundadora do país, mas ajudou a denunciá-la e questioná-la.

Se nem a educação, nem a justiça, nem a política conseguiram superar a nossa poderosa exclusão social e cultural, não seria uma modalidade esportiva que conseguiria fazê-lo. Mas isso não anula a importância (política!) da denúncia e resistência levadas a termo pelo futebol brasileiro.

Dessa maneira, representou uma política de oposição, sim, mesmo que indireta, às rígidas e hierarquizadas estruturas e instituições brasileiras, e contribuiu para reforçar uma nova ideologia de inclusão social, mais popular e democrática, de valorização de nossas culturas e identidades e um pouco (um pouco!) mais flexível à mobilidade social. No Brasil (e não só no Brasil), a história do futebol é um capítulo da história de nossas lutas sociais.

As diversas experiências espalhadas pelo mundo (e já comentadas aqui), do chamado esporte pedagógico, também são exemplos de ações políticas indiretas, através de práticas físicas, lúdicas, artísticas e esportivas de reeducação e inclusão social (inclusive para portadores de deficiências físicas e mentais) e que pertencem ao universo da educação física e da sociologia.

Para aqueles contingentes de pessoas, especialmente crianças e adolescentes excluídos das oportunidades e das instituições, há a possibilidade de novas chances de inserção social e valorização cultural por um caminho alternativo e por vezes bem-sucedido, o caminho dos esportes e das artes.

Vamos frisar dois pontos essenciais: esse tipo de experiência é importante porque as artes e os esportes aproximam da sociedade aqueles que a economia e a política afastam; apesar disso, não pode ser considerada panaceia (remédio para todos os males) dos problemas sociais. Uma boa experiência socioeducacional é uma boa experiência socioeducacional, não uma redenção (salvação).

Nas duas últimas décadas, os estudos e os investimentos públicos e privados nessas "escolinhas" (ou melhor, centros comunitários) vêm crescendo em quantidade e qualidade, diversificando e aprofundando suas ações em vários países. E com significativo apoio institucional, econômico e político, além de uma expressiva incorporação de equipes multiprofissionais, recrutadas em diferentes ocupações.

Assim, esses experimentos resultam em abertura e fixação de um novo e promissor mercado de trabalho para os formados em educação física, principalmente, mas também — ora mais ora menos, dependendo dos objetivos da experiência e da cultura local — para os formados em serviço social, pedagogia, nutrição, psicologia, sociologia, enfermagem, fisioterapia, medicina, direito, administração.

Esses projetos acontecem mais em países pobres, mas é bom que se diga que o chamado Primeiro Mundo, que também tem os seus problemas sociais, se preocupa cada vez mais com o desenvolvimento e a organização desses espaços comunitários de reeducação pelos esportes e pelas artes.

No Brasil, por exemplo, há centenas dessas "escolinhas", dessas ONGs, pequenas, médias ou grandes, englobando esportes, danças, folclore, jogos, música, recreação e lazer, ao abrigo da Lei de Responsabilidade Social, uma lei de renúncia e isenção fiscal, para quem (pessoa jurídica ou pessoa física) investir nessas atividades em áreas carentes.

Devemos saber o mínimo sobre essa lei

Entende-se por "responsabilidade social" uma nova possibilidade de conduzir os negócios da empresa tornando-a parceira e corresponsável pelo desenvolvimento social, englobando preocupações com um público maior, que vai além dos habituais. Estes habituais são os acionistas, funcionários, prestadores de serviço, fornecedores, consumidores.

O que se pretende na teoria, que nem sempre se confirma na prática, é alcançar a comunidade mais próxima e produzir efeitos na sociedade maior, inclusive nas políticas públicas de governo, como educação, saúde, alimentação e meio ambiente.

A "responsabilidade social", em tese, nunca se esgota, pois sempre há algo a ser feito na e pela comunidade do lugar onde o projeto está inserido, sendo assim um processo permanente, que tende a crescer e avançar em suas propostas.

As empresas podem desenvolver projetos em diversas áreas, com diversos públicos e de diversas maneiras. Os fundamentos éticos da "responsabilidade social" devem se expressar através dos princípios e valores adotados pela organização, sendo importante seguir uma linha de coerência entre ação e discurso.

A expressão "responsabilidade social" é mais ou menos genérica, até mesmo um pouco vaga, mas consegue introduzir uma noção de corresponsabilidade, em nome de algum progresso social, de algum desenvolvimento, através da parceria entre Estado, sociedade e empresas. Portanto, uma dimensão nova, historicamente, o que é um bom sinal.

A crise estrutural no Brasil é tão grave que acaba por exigir novas atitudes, novas mentalidades. Mas essas exigências nem sempre conseguem fazer com que as reflexões saiam da teoria e produzam efeitos práticos. Além disso, muitas vezes não se consegue conceituar de modo consistente o que seria corresponsabilidade, progresso e desenvolvimento.

Na prática, a "responsabilidade social" tem sido o apoio financeiro que algumas empresas dão aos projetos de inclusão social (inclusive para portadores de deficiências físicas e mentais, é bom sublinhar), por intermédio dos esportes, das artes, da educação e do trabalho, particularmente em bairros pobres, favelas, conjuntos habitacionais e áreas de periferia.

É fundamental que os profissionais da educação física e de outras graduações universitárias, também atuantes nesses projetos, estejam minimamente informados e em contato com empresas, associações locais, clubes e órgãos de governo, a fim de ampliar e aprofundar as parcerias e as redes de apoio a "escolinhas" e/ou experiências mais ou menos equivalentes.

É o que se chama "trabalho em rede", e este faz uso de três "moedas" básicas: o trabalho voluntário, que é mais permanente, o trabalho de apoio, mais eventual, e o trabalho de trocas ou intercâmbios recíprocos, no qual cada entidade (ONG, escolinha, instituto, centro) complementa as lacunas da outra com aquilo que tem de melhor, com o que mais sabe fazer.

Nessa perspectiva de trabalho em rede, que pressupõe os profissionais da sociologia e da educação física se informarem melhor sobre a "responsabilidade social", uma noção que cada vez mais se faz presente e por isso necessária para um entendimento maior da questão é a do chamado terceiro setor.[42] Hoje, o planejamento e a gestão dos centros esportivos e das escolinhas esportivas ou artísticas incluem no discurso e na prática a ideia do terceiro setor.

De início era identificado com aquelas ações institucionais, públicas ou privadas de natureza filantrópica, de ajuda e de assistência social. A

[42] Ver Voltolini (2007) e Helena (2007).

imagem dessas organizações avançou muito, e nos últimos 10 anos, mais ou menos, suas iniciativas passaram a ser consideradas estratégicas para a sociedade, para o governo e para as empresas. Como efeito disto, os resultados de suas ações se alastraram pelas comunidades, pelo mercado, pelo Estado.

Terceiro setor, então, é um conjunto de ações e intervenções institucionais ou grupais, da iniciativa privada (principalmente) ou dos órgãos públicos, com o objetivo de se aproximar das comunidades, avaliar sua multiplicidade cultural, seus arranjos produtivos locais, e apresentar uma agenda compatível e responsável socialmente.

É "sair do escritório" e ir para as ruas, para a prática das comunidades, e aí levantar, junto com os seus agentes sociais e suas lideranças, as suas reais necessidades. Essa é uma perspectiva de administração descentralizada, em recursos humanos, tecnológicos, materiais e financeiros.

O conceito de terceiro setor parece que ainda não está bastante claro para muitas pessoas, apesar de estar presente na vida de todos há muito tempo. Já no século XVIII, começaram a surgir algumas ideias que posteriormente se tornariam parte desse conceito. Uma delas pregava que o homem, na condição de ser social, deveria interagir com a sociedade em que vive, buscando sempre o melhor para ela, pois assim estaria contribuindo para alcançar o seu próprio bem-estar. Um aspecto ideológico, a bem dizer.

Segundo Lester Salomon, uma das maiores autoridades mundiais em terceiro setor, este é mais antigo do que se pensa, pois suas origens remotas podem ser vistas no século XVIII, na Europa burguesa e capitalista, na época da Revolução Industrial.

Todavia, somente agora, nos últimos anos, o conceito de terceiro setor pode ser definido como uma rede de organizações privadas autônomas, não voltadas especificamente para a distribuição de lucros e dividendos para acionistas ou diretores, mas atendendo a propósitos um pouco mais públicos. Essas finalidades mais sociais terão alcance maior ou menor, dependendo do grau de cidadania, experiência democrática e poder de pressão das comunidades envolvidas.

Apesar de estarem à margem do aparelho formal do Estado, o setor agrupa entidades, instituições, organizações não governamentais, associações culturais, fundações privadas e movimentos sociais organizados, entre outros. Nos dias que correm e na opinião de alguns especialistas, até mesmo alguns órgãos públicos já estão sendo incluídos na ideia mais ampla de terceiro setor.

Tal crescimento se deve sobretudo à conscientização, pelas grandes empresas, de que ter "responsabilidade social" num mercado globalizado é fator importante de sobrevivência. Associar a marca de um produto a uma "boa causa" — ambiental, social, cultural — é fator indiscutível de *merchandising*, isto é, daquela propaganda sem "cara" de propaganda, mais indireta, sutil e, por isso, não raro mais eficaz.

A isenção fiscal, a renúncia fiscal, ou seja, a redução ou mesmo o não pagamento de impostos, também é uma ajuda de peso às empresas, particularmente em países como o Brasil, de pesada, burocrática e caríssima carga tributária.

Assim, muitos investimentos têm acontecido na área, tornando-a mais atrativa para profissionais especializados, com vínculo trabalhista em regime integral, que antes atuavam, basicamente, como voluntários, em tempo, compromisso e responsabilidade parciais, devido à não profissionalização do segmento e de sua gestão.

Diante desse cenário, grandes empresários estão migrando para essa área que, segundo eles, proporciona maior satisfação profissional e pessoal. Assim, empresas criam suas fundações para cuidar dessa parte tão "simpática" e valorizada pelo público: a responsabilidade social.

Levantamento piloto por amostra aleatória que realizamos junto a alguns gerentes dos bancos Itaú, Bradesco e do Brasil, nos bairros do Flamengo e Catete, no Rio de Janeiro, no segundo semestre do ano de 2008, aponta, ao que parece, para uma tendência que começa a acontecer: a opção dos investidores, mais pessoas físicas do que jurídicas, por aplicar seus recursos nessas empresas comprometidas com as causas ou questões da responsabilidade social. Reitero que não foi uma pesquisa aprofundada metodologicamente e de resultados consistentes e seguros, mas sem dúvida parece que pode vir a sê-lo.

Diferentemente do setor privado, o terceiro setor procura buscar algo além do lucro e de sua multiplicação: deseja atingir metas socialmente mais amplas, contribuir para modificar realidades culturais, lutar por alguma causa grupal (emprego para portadores de necessidades especiais ou para a terceira idade, por exemplo) ou ecológica.

Nesse sentido, aproxima-se daquilo que seria a finalidade do setor público. Pode-se dizer que o terceiro setor é uma espécie de interface entre dois outros setores, o público e o privado (daí o nome de terceiro setor), com estrutura, planejamento e gestão típicos da iniciativa privada, mas com objetivos públicos.

Esse setor, na verdade, é um universo em crescente escalada, que inclui as dimensões da "responsabilidade social", do desenvolvimento sustentável, da preservação do meio ambiente, da criação de novas ocupações profissionais e da abertura de novos mercados de trabalho.

É importante lembrar que na atualidade existe toda uma preocupação com as relações entre esporte e meio ambiente; esporte e desenvolvimento sustentável; esporte e turismo; esporte e inclusão social. Portanto, metas de acordo com a "filosofia" e as estratégias do terceiro setor.

O caso do principado de Andorra é um exemplo clássico, internacionalmente aplaudido, mas não é único. Há outros, igualmente importantes, que poderiam ser citados. O principado de Andorra, nos Pirineus, situado num lugar paradisíaco, entre a Espanha e a França, tinha, segundo dados oficiais de 2003, 66.334 habitantes e recebeu, no mesmo ano, 11.350.000 visitantes.

Esse número extraordinário de turistas (mais de 171 por habitante) não parou de crescer até hoje, e isso devido à multiplicação dos projetos de turismo esportivo, especialmente os de inverno. Por mais de um terço do ano (140 dias) o principado fica coberto de neve. O que no passado era "problema" virou "solução", através de políticas públicas esportivas, com diversas modalidades, não somente as de inverno.

Agregando investimentos e esforços públicos e privados, juntou tradição e modernidade. Desenvolveu uma política que consolidou a tradicional legenda da localidade, "meca do *deporte blanco*", por causa dos esportes de inverno, herança secular da aristocracia medieval, e incluiu atividades esportivas pelas quais havia forte demanda na Europa.

Com base em pesquisas, a programação do turismo esportivo "para o ano todo" escolheu as novas modalidades a serem incluídas: as de verão (as temperaturas são altas na estação), as aquáticas (muitos rios e lagos se formam na época do degelo) e as de montanha (ou *senderismo*, aproveitando a topografia local).

Como resultado desse macroplanejamento, no período de 1993-2003 o nível de emprego cresceu 63%, e a renda média nacional, 50%. Na avaliação do governo, os itens fundamentais para esses bons resultados foram o turismo e o esporte. Mais recentemente — a partir de 2005 e visando os próximos quinquênios, ou seja, de 2010 a 2020 — foram incluídos projetos de esportes voltados para a "terceira idade" e para pessoas com deficiências, tanto físicas quanto mentais.

Tudo isso resumido nos parágrafos anteriores foi resultado de uma década após a Constituição do estado de direito, de 1993, ter decretado que a política do turismo esportivo deveria estar vinculada com a "responsabilidade social" da inclusão e do desenvolvimento sustentável.

E essa política, na verdade um conjunto articulado de políticas, foi prioridade durante esses 10 anos, até ficar totalmente assimilada pela cultura do lugar. Todos esses dados e conclusões fazem parte de um longo estudo que foi feito por órgãos do governo local para se ter a real medida de uma década de investimentos.

As preocupações do terceiro setor, pelos menos algumas delas, são mais ou menos convergentes com as finalidades constitucionais e históricas da universidade no Brasil e, de modo geral, de todas as universidades do mundo. No caso brasileiro, como já vimos e revimos, a atual Constituição da República, promulgada em 5 de outubro de 1988, logo após o período do autoritarismo ditatorial (1964-85), consagra a seguinte cláusula no artigo 207, capítulo III — Da educação, da cultura e do desporto: "as universidades (...) obedecerão ao princípio de indissociabilidade entre ensino, pesquisa e extensão". Por "extensão" entende-se, legalmente, os efeitos sociais produzidos pela universidade.

Em decorrência dessa aproximação entre as finalidades do terceiro setor e as metas constitucionais da universidade, alguns campos de pesquisa e construção de novas ferramentas teóricas foram aparecendo e gradualmente se consolidando.

É o caso da metodologia da "hélice tríplice", hoje razoavelmente conhecida e empregada, ao que tudo indica em escala crescente. A concepção que fundamenta as diretrizes da teoria da "hélice trípice" (desenvolvida a partir dos trabalhos pioneiros de Henry Etzkowitz e Loet Leydesdorff em 1996 e 1998, nos EUA) é a que integra o trabalho de três instituições sociais de relevo: o governo, a empresa e a universidade.

Essas instituições devem trabalhar de maneira articulada e convergente, em grau de reciprocidade, procurando alcançar objetivos socioculturais mais ou menos comuns e sempre baseadas em pesquisas. Pesquisas com consistência e lógica científicas.

Tudo isso dá mais agilidade operacional às diligências, reduz a burocracia, melhora a qualidade dos bens e serviços produzidos e ajuda a racionalizar o uso dos recursos financeiros, materiais e humanos.

Seus pensadores defendem que essa concepção, na prática, gera um novo conceito de governo, como também um novo conceito de empresa e de universidade, a chamada "universidade âncora". E, acima de tudo, gera um novo conceito de "responsabilidade social", de cumprimento das exigências legais e até mesmo de alguns princípios éticos.

Na prática, isso proporciona, direta ou indiretamente, a abertura de novas possibilidades no mercado de trabalho para os formados em educação física e outras áreas próximas, como a sociologia, a pedagogia, o direito e a administração.

Do mesmo modo, ajuda a incorporar novas linhas de pesquisa e especialização em programas acadêmicos de pós-graduação *lato sensu* e *stricto sensu* em sociologia e educação física (ou ciências do desporto ou ciências da atividade física).

São claras as suas implicações sociais, culturais, educacionais, legais e de gestão institucional. Estamos diante de uma tendência que pode ser observada em diversos países, incluindo o Brasil.

Diante de tudo isso e de uma certa complexidade do setor, aqui vai a seguinte sugestão, já testada na prática de algumas "escolinhas" (no sentido de centro pedagógico, e não de "peneira", como já falamos), institutos e outros projetos sociais.

Que uma ou mais pessoas, dependendo do caso e da disponibilidade, fiquem responsáveis por estudar, se atualizar e fazer os contatos possíveis e necessários, no âmbito da "responsabilidade social", do terceiro setor e da renúncia fiscal, para saber firmar parcerias e aproveitar melhor os seus resultados.

São parcerias variadas com a federação das indústrias e a federação do comércio, além de suas entidades de educação, cultura e serviços sociais, como os sistemas Senai/Sesi e Senac/Sesc.[43] De preferência, e se houver essa disponibilidade, que o grupo responsável pelos contatos e contratos seja composto por profissionais graduados em áreas social, educacional, jurídica e financeira, ou em pelo menos numa delas. É evidente que isso seria o ideal e que o ideal nem sempre é possível.

Para finalizar, três sugestões de instrumentos legais que podem ser utilizados para o patrocínio dessas iniciativas socioesportivas e artísticas sobre as quais estamos falando. Há outros que devem também ser investigados.

As indicações citadas abaixo têm como fonte a rica experiência do Instituto Bola pra Frente, de Guadalupe, no Rio de Janeiro, empreendimento modelar nessa perspectiva e estratégia de inclusão social por intermédio dos esportes e das artes. Iniciativa dos tetracampeões do mundo de futebol, os ex-jogadores Jorginho e Bebeto.

Esses centros podem e devem ser qualificados como instituições prestadoras de serviços sociais, educacionais e trabalhistas. Entre outras qualificações, previstas em lei, podemos recomendar: de entidade de utilidade pública municipal; do Conselho Municipal da Criança e do Adolescente; certificado de inscrição do Conselho Municipal de Assistência Social; de agente de integração da Secretaria Estadual de Educação; e de formação de menores aprendizes.

Agora, então, vamos ver algumas leis de incentivo:

- Lei da Aprendizagem, nº 10.097, de 19-12-2000, que trata da proteção do trabalho do adolescente e da obrigatoriedade do emprego e da formação profissional, na faixa etária dos 15 aos 17 anos, quando em situação de risco social;
- Conanda — art. 260 — ECA, Lei nº 8.069/90. Os contribuintes poderão deduzir do imposto devido, na declaração anual de renda, o total das doações feitas aos fundos dos direitos da criança e do adolescente — nacional, estaduais e municipais —, devidamente comprovadas, obede-

[43] O jornal *O Globo* publica toda primeira segunda-feira de cada mês o encarte "Razão Social", o espaço da empresa cidadã, o qual atualiza certas informações, esclarece algumas dúvidas e mostra outras possibilidades de parceria.

cendo aos limites estabelecidos em decreto do presidente da República. Redação dada pela Lei nº 8.242, de 12-10-1991;

- Lei nº 11.438, de 29-12-2006, que dispõe acerca de incentivos e benefícios para fomentar as atividades desportivas; e do abatimento de valores devidos ao imposto de renda, tanto de pessoas físicas quanto de pessoas jurídicas, isenção decorrente da aplicação de recursos em atividades socioeducacionais esportivas;
- Lei estadual de incentivo à cultura, criada em 26 de janeiro de 1992 (Lei nº 1.954), que trata do abatimento de uma parcela dos recursos do ICMS para financiamento de projetos esportivos e culturais aprovados pela Secretaria de Estado de Cultura.

E assim chegamos ao fim deste nosso livro, o qual teve como objetivo maior as aproximações possíveis e desejáveis entre a sociologia e a educação física. Acho, e acho que desejo mais do que acho, que conseguimos chegar a bom porto depois de tantas "viagens". Parece que nossos objetivos fixados desde o início foram alcançados de modo satisfatório. Oxalá! Contudo, antes do ponto final, ainda vamos ter um pequeno capítulo de conclusão, necessário e intransferível, que começa agora.

Conclusões

A meu juízo, é sempre bom que todos os trabalhos apresentem um capítulo de conclusões, e que estas sejam de dois tipos: conclusões mais elaboradas e conclusões mais resumidas. Isto, penso, ajuda o próprio autor a sintetizar melhor as suas ideias e o leitor a se situar melhor no universo de um livro.

Em outras palavras, um capítulo de conclusões serve como um "farol de guia", com seu foco voltado para trás, tanto para quem escreveu o texto como para quem acabou de lê-lo. É um roteiro que lista as principais ideias do trabalho que foi concluído.

Além disso, um capítulo assim, de natureza conclusiva, também pode servir para apontar novos caminhos, novas perspectivas e outras aproximações com os temas desenvolvidos na obra que se encerra.

Como, por via de regra, nenhum trabalho termina em si mesmo e quase sempre indica novas possibilidades de desdobramentos e perspectivas, um capítulo de conclusões pode ser o ponto de partida para outros projetos advindos daí.

Em nosso caso mais ainda, porque o presente livro pretende ser uma primeira abordagem da temática do diálogo entre os saberes da sociologia e da educação física. E como reiteramos ao longo de todo o texto que agora estamos concluindo, essa nossa visão com certeza não é a única existente, mas uma delas, e outras poderão e deverão se juntar para aprofundar as reflexões e ampliar as conclusões.

Que o certificado deste nosso trabalho seja o passaporte para a consolidação das interações teóricas, metodológicas e profissionais entre os pesquisadores e os professores de ambas as áreas, tanto na atuação ocupacional quanto na produção de novos conhecimentos. Ou, em outros termos, tanto na teoria quanto na prática.

Conclusões um pouco mais gerais

A seguir apresentamos a listagem de nossas principais conclusões — principais, e não únicas. Como está dito no próprio título acima, estas agora são as nossas conclusões mais gerais e, num certo sentido, mais elaboradas.

- A transdisciplinaridade vai além da inter ou da multidisciplinaridade porque não só é a permuta entre saberes distintos que se aproximam, como também, através das interfaces que vão sendo estabelecidas, cria novos conceitos, funda novas ideias e propõe novas intervenções, o que contribui para enriquecer as áreas de conhecimento em questão.
- A sociologia e a educação física são áreas diferentes do saber que já estão dialogando na prática faz algum tempo, com bons resultados teóricos e metodológicos para ambas.
- É necessário aprofundar as reflexões teóricas e metodológicas geradas por essa aproximação entre a sociologia e a educação física, para dar mais consistência aos trabalhos desenvolvidos pelos profissionais dos dois setores e, assim, melhorar constantemente essa transdisciplinaridade.
- O estudo dos autores clássicos da sociologia, de seus fundadores e daqueles contemporâneos que também já estão se tornando clássicos traz contribuições inestimáveis às pesquisas e aos trabalhos relacionados aos jogos, aos esportes, às danças, ao folclore, às representações, enfim, às práticas institucionalizadas ou não do corpo como produção social.
- Uma série de categorias teóricas (conceitos) da sociologia e de suas áreas afins, como a antropologia, a história, a ciência política e a economia, é fundamental para a formação em educação física, no bacharelado e na

licenciatura, e de todos aqueles que desenvolvem trabalhos próximos e correlacionados.

- Uma série de temas peculiares da educação física, como os esportes, por exemplo, é muito importante para a sociologia como "objetos de estudo" de bom alcance para a sua atualização e renovação científicas.
- As temáticas do cotidiano, próprias da chamada "cultura popular", tantas vezes renegada, são imprescindíveis como questões de estudo e de trabalho para a educação física e para a sociologia.
- A contextualização histórica, social e cultural pode ser considerada a primeira grande contribuição da sociologia para que os fenômenos da área da educação física possam ser entendidos de modo mais satisfatório.
- Assim como não é possível entender satisfatoriamente as práticas formadoras da educação física fora do contexto social, também não se pode entendê-las como "reflexo", como efeito direto, como algo totalmente determinado.
- Uma visão assim, linear, mecanicista, determinista, empobrece a análise porque exclui a mediação, a problematização, a construção, enfim, a complexidade (dialética!) do processo de investigação.
- Faz-se necessário que a formação dos profissionais das duas áreas de conhecimento priorize também conteúdos epistemológicos (fundamentos filosóficos), teóricos (conceitos articulados) e metodológicos (o que fazer, como e por que fazer) que ajudem a construir uma "consciência social" em torno do valor e dos resultados de seus trabalhos, nem sempre valorizados.
- Tanto na graduação quanto na pós-graduação (*stricto sensu* principalmente, ou seja, mestrado e doutorado), os intercâmbios e interfaces entre a sociologia e a educação física — em especial na linha de investigação "cultura e sociedade" — têm crescido muito nos últimos anos, em quantidade e qualidade.
- A reflexão teórica, que é uma tradição da sociologia, ajuda a enriquecer a educação física, que tem uma tradição mais prática, e as práticas da educação física enriquecem as teorias sociológicas.

Conclusões um pouco mais específicas

Para finalizar este livro, apresentamos a seguir a listagem de nossas principais — principais, e não únicas — conclusões mais resumidas, aliás, como sugere o próprio título acima.

- Os esportes, particularmente o futebol, têm sido a temática da área da educação física mais estudada pela sociologia e por outras ciências sociais, como a antropologia e a história.
- A contextualização é um procedimento de pesquisa que auxilia a observação e a percepção das práticas lúdicas, esportivas e corporais não como elementos isolados, mas como partes de um processo histórico e de uma estrutura social.
- Muitas são as categorias teóricas, metodológicas e técnicas das ciências sociais que têm sido empregadas nas pesquisas em educação física, especificamente nos projetos de história, sociedade e cultura. Entre outros, são exemplos os conceitos de representação, identidade, inclusão, gênero; os métodos da observação participante, da etnometodologia, do estudo de caso e as técnicas da etnografia, da entrevista semiestruturada, da descrição densa, do interacionismo simbólico.
- Na prática, a sociologia e a educação física têm interfaces de pesquisa e de intervenção muito férteis, principalmente no domínio pedagógico, dentro ou fora das instituições escolares.
- É fundamental aprofundar a consciência dos profissionais de educação física e de sociologia em relação ao valor da pesquisa teórica como imprescindível ao desenvolvimento teórico e prático de suas áreas de conhecimento.
- É fundamental aprofundar a consciência dos profissionais de educação física e de sociologia em relação ao valor da experiência prática, concreta, como imprescindível ao desenvolvimento teórico e prático de suas áreas de conhecimento.
- Faz-se necessário todo o cuidado para que os projetos de pesquisa não confundam métodos (o que fazer e por que fazer) com técnicas (como fazer), e também não misturem variáveis (ângulos pelos quais se pode analisar um fenômeno) com indicadores (as especificações das variáveis).

- Nas faculdades de educação física, a sociologia poderia ser uma disciplina obrigatória presencial, dividida em dois cursos: um de sociologia geral e outro de sociologia da educação física.
- Nos cursos de graduação em sociologia, as práticas componentes da educação física, como os esportes, deveriam ser incorporadas como objetos de investigação e de atualização.
- As contribuições teórico-metodológicas e técnicas da tradição sociológica devem ser sistematizadas nesses cursos de graduação (e até mesmo de pós-graduação) em dois sentidos convergentes: um de teoria e reflexão e o outro de prática e intervenção.
- Também na graduação, porém bem mais na pós-graduação de educação física, é importante o estudo de textos clássicos do pensamento sociológico, como, por exemplo, os de Durkheim, Marx, Weber, Huizinga, Bakhtine, Elias e Bourdieu, todos aqui citados.
- E dos clássicos do pensamento sociológico brasileiro, entre outros, podemos indicar: Gilberto Freyre, Rui Barbosa, Fernando de Azevedo, Câmara Cascudo, Mário de Andrade, Mário Filho e Roberto DaMatta, todos aqui citados, também.
- As relações entre política e cultura, em nosso caso específico, dos jogos, artes, lazer, esportes, danças, folclore, isto é, daquelas práticas das linguagens corporais, das práticas da educação física com a política, ou seja, com as estruturas dominantes de poder são um campo de estudo da sociologia que os graduandos e pós-graduandos da educação física devem conhecer minimamente.
- O conhecimento mínimo que seja da sociologia política é relevante: na teoria, pois contextualiza as produções culturais; na prática, porque ajuda a formação de uma "consciência crítica" necessária para evitar, enfrentar ou mesmo superar as tentativas de uso político das práticas da educação física, principalmente dos esportes de massa e mais ainda do futebol.
- Um curso de ética na graduação e outro na pós-graduação, para incorporar valores, sentidos e ensinamentos pedagógicos e filosóficos essenciais para que a sociologia e a educação física assumam seu papel de "saberes da educação", esta entendida na acepção mais ampla do conceito, isto é, de educação social, de cidadania, de civilização.

Referências bibliográficas

AGOSTINO, Gilberto. *Vencer ou morrer*: futebol, geopolítica e identidade nacional. Rio de Janeiro: Faperj/Mauad, 2002.

ANTUNES, Fátima Martim R. F. *Futebol de fábrica em São Paulo*. Dissertação (Mestrado) — USP, São Paulo, 1992.

AZEVEDO, Fernando de. *A evolução dos esportes no Brasil:* 1822-1922. São Paulo: Melhoramentos, 1930.

BACHELARD, Gaston. *La formation de l'esprit scientifique*. Paris: Vrin, 1977.

BAKHTINE, Mikhail. *La cultura popular en la Edad Media y en el Renacimiento*. Madrid: Barral, 1974.

BASTIDE, Roger. *Arte e sociedade*. São Paulo: Edusp, 1971.

BOBBIO, Norberto. *Dicionário de política*. Brasília: UnB, 1995.

BORGES, Elisa de Campos; BUONICORE, Augusto. *Memória do esporte educacional brasileiro*. Brasília, DF: Centro de Estudos e Memória da Juventude e Ministério do Esporte, 2007.

BOUDON, Raymond; BOURRICAUD, François. *Dicionário crítico de sociologia*. São Paulo: Ática, 1993.

BOURDIEU, Pierre. Como é possível ser esportivo? In: *Questões de sociologia*. Rio de Janeiro: Marco Zero, 1983.

_____. *Programa para uma sociologia do esporte*. São Paulo: Brasiliense, 1990.

_____. *Sobre a televisão*. Rio de Janeiro: Zahar, 1997.

_____. *A dimensão simbólica da dominação*. Rio de Janeiro: Graal, 2000.

BRACHT, Valter. *Sociologia crítica do esporte:* uma introdução. Vitória: CEFD/Ufes, 1997.

BROMBERGER, Christian. *Football, la bagatelle la plus sérieuse du monde*. Paris: E. Bayard, 1998.

CAILLOIS, Roger. *Les jeux et les hommes*. Paris: Galimard, 1958.

CAPINUSSÚ, José Mauricio. *A linguagem popular do futebol*. São Paulo: Ibrasa, 1988.

CASCUDO, Luís da Câmara. *Dicionário do folclore brasileiro*. Rio de Janeiro: Instituto Nacional do Livro, 1954.

COHN, Gabriel. *Sociologia:* para ler os clássicos. São Paulo: Livros Técnicos e Científicos, 1977.

COMTE, Augusto. *Curso de filosofia positiva*. Rio de Janeiro: Vozes, 1961.

COSTA, Lamartine Pereira da (Org.). *Atlas do esporte no Brasil*. Rio de Janeiro: Shape, 2005.

DAMATTA, Roberto. *O universo do futebol*. Rio de Janeiro: Pinakotheke, 1982.

_____. Antropologia do óbvio — notas em torno do significado social do futebol brasileiro. Dossiê futebol. *Revista da Universidade de São Paulo*, Edusp, jun./jul./ago. 1994.

DARWIN, Charles. *Textos escolhidos*. São Paulo: Abril, 1972. (Coleção Os Pensadores).

DEBORD, Guy. *Société du spectacle*. Paris: Champ Libre, 1971.

DEMINICIS, Rafael Borges; REIS, Daniel Aarão (Orgs.). *História do anarquismo no Brasil*. Rio de Janeiro: Mauad, 2006.

DEVIDE, Fabiano Pries. *Gênero e mulheres no esporte* — história das mulheres nos jogos olímpicos modernos. Porto Alegre: Unijui, 2005.

ECO, Umberto. *Sobre os espelhos e outros ensaios*. Rio de Janeiro: Nova Fronteira, 1989.

ELIAS, Norbert. *O processo civilizador*: uma história dos costumes. Rio de Janeiro: Jorge Zahar, 1994.

_____. *Em busca da excitação*. Lisboa: Difel, 1995.

FARIA JÚNIOR, Alfredo (Org.). *Educação física:* fundamentos pedagógicos. Rio de Janeiro: Ao Livro Técnico, 1987.

_____. Futebol, questões de gênero e co-educação. *Revista Pesquisa de Campo*, n. 1, 1995.

FILHO, Mário. *O negro no futebol brasileiro*. Rio de Janeiro: Pongetti, 1947.

FREITAG, Bárbara. *Teoria crítica:* ontem e hoje. São Paulo: Brasiliense, 1994.

FREYRE, Gilberto. *Sociologia*. Rio de Janeiro: José Olympio, 1945.

_____. *Casa-grande e senzala*. Brasília, DF: UnB, 1963.

GARCIA, Rui Proença. *Antropologia do esporte*. Rio de Janeiro: Shape, 2007.

GIULIANOTTI, Richard. *Sociologia do futebol*: dimensões históricas e socioculturais do esporte das multidões. São Paulo: Nova Alexandria, 2002.

GUTTMANN, Allen. *From ritual to record*: the nature of modern sports. New York: Columbia University Press, 1978.

HELENA, Eloísa. *Terceiro setor* — gestão e controle social. São Paulo: Saraiva, 2007.

HUIZINGA, Johan. *Homo ludens:* um estudo sobre a função social do jogo. São Paulo: Perspectiva, 1971.

JAGUARIBE, Hélio. *Um estudo crítico da história*. Rio de Janeiro: Paz e Terra, 2001.

LATOUR, Bruno; WOOLGAR, Steve. *A vida de laboratório:* a produção dos fatos científicos. Rio de Janeiro: Relume-Dumará, 1997.

LEVER, Janet. *A loucura do futebol*. Rio de Janeiro: Record, 1983.

LÉVI-STRAUSS, Claude. Introdução à obra de Marcel Mauss. In: *Estruturalismo:* antologia de textos teóricos. Rio de Janeiro: Martins Fontes, 1970.

LIMA, Lauro de Oliveira. *Dinâmica de grupo*. Rio de Janeiro: Senai, 1968. ms.

LOPES, José Sérgio Leite. Esporte, emoção e conflito social. *Mana, Estudos de Antropologia Social*, v. 1, n. 1, p. 141-165, 1995.

LYRA FILHO, João. *Introdução à sociologia dos desportos*. Rio de Janeiro: Bloch, 1973.

MARCUSE, Herbert. *A ideologia da sociedade industrial ou o homem unidimensional*. Rio de Janeiro: Zahar, 1979.

MARX, Karl. *O capital*. Rio de Janeiro: Civilização Brasileira, 1959.

MASI, Domenico de. *O ócio criativo*. Rio de Janeiro: Sextante, 2000.

MAUSS, Marcel. Ensaio sobre a dádiva. In: *Sociologia e antropologia*. São Paulo: Edusp, 1974.

MAZZONI, Thomaz. *História do futebol no Brasil:* 1894-1950. São Paulo: Leia, 1950.

MELO, Victor Andrade de. *Cidadesportiva:* os primórdios do esporte no Rio de Janeiro. Rio de Janeiro: Faperj/Relume-Dumará, 2001.

_____. *Dicionário do esporte no Brasil*: do século XIX ao início do século XX. Campinas: Autores Associados, 2007.

MORIN, Edgard. *As estrelas:* mito e sedução no cinema. Rio de Janeiro: José Olympio, 1989.

MURAD, Mauricio. *Dos pés à cabeça:* elementos básicos de sociologia do futebol. Rio de Janeiro: Irradiação Cultural, 1996.

_____. Considerações possíveis de uma resposta necessária. *Estudos Históricos: Cultura Política*, Rio de Janeiro: FGV, n. 24, 1999.

_____. Jogos olímpicos e política: um dia em setembro. In: MELO, Victor Andrade de; PERES, Fabio de Farias (Orgs.). *O esporte vai ao cinema*. Rio de Janeiro: Senac Nacional, 2005.

_____. Futebol e profissionalização no Brasil: comentários a partir do filme *Passe livre*. In: MELO, Victor Andrade de; ALVITO, Marcos. *Futebol por todo o mundo*: diálogos com o cinema. Rio de Janeiro: FGV, 2006.

_____. *A violência e o futebol*: dos estudos clássicos aos dias de hoje. Rio de Janeiro: FGV, 2007.

_____. *A violência e o futebol*: novas pesquisas, novas ideias, novas propostas. São Paulo: Saraiva (Selo Benvirá), 2ª edição 2007.

PEDROSA, Milton. *Gol de letra*: o futebol na literatura brasileira. Rio de Janeiro: Gol, 1967.

RITZER, George. The McDonalization of society. In: CASHMORE, Ellis. *Making sense of sports*. London: Routledge, 1996.

SIMMEL, Georg. *A natureza sociológica do conflito*. São Paulo: Ática, 1983. (Coleção Grandes Cientistas Sociais).

TOLEDO, Luiz Henrique de. Futebol e teoria social: aspectos da produção científica brasileira (1982-2002). *Boletim Informativo e Bibliográfico de Ciências Sociais*, São Paulo: Anpocs, 2002a.

_____. *Lógicas no futebol*. São Paulo: Hucitec, 2002b.

TUBINO, Manoel José Gomes et al. *Dicionário enciclopédico Tubino do esporte*. São Paulo: Senac, 2007.

VOLTOLINI, Ricardo (Org.). *Terceiro setor* — planejamento e gestão. Senac, 2007.

WEBER, Max. *Economia e sociedade*. São Paulo: Abril Cultural, 1978. (Coleção Os Pensadores).

Este livro foi impresso nas oficinas gráficas da Editora Vozes Ltda.,
Rua Frei Luís, 100 – Petrópolis, RJ.